Bischof Gerhard L. Müller

Dietrich Bonhoeffer begegnen

Bischof Gerhard L. Müller

Dietrich Bonhoeffer begegnen

+ Gerhard Ludwig

Sankt Ulrich Verlag

Bibliographische Information der Deutschen Bibliothek

Die Deutsche Bibliothek verzeichnet diese Publikation in der Deutschen Nationalbibliographie; detaillierte bibliographische Daten sind im Internet über http://dnb.ddb.de abrufbar.

Umschlagbild: picture-alliance / dpa
Umschlaggestaltung: uv media werbeagentur
Mediengruppe Sankt Ulrich Verlag, Augsburg
Druck und Bindung: Ludwig Auer GmbH, Donauwörth
Printed in Germany
ISBN: 978-3-86744-131-5
www.sankt-ulrich-verlag.de

Ein erster Blick auf Dietrich Bonhoeffer

1906	Geboren am 4. Februar in Breslau
1923/1924	Beginn des Theologiestudiums in Tübingen; nach Zwischensemester in Rom Rückkehr nach Deutschland und Fortsetzung des Studiums in Berlin
1927	Promotion mit *Sanctorum Communio*
1928	Vikariat in Barcelona
1929	Assistent an der Theologischen Fakultät Berlin
1930	2. Theologisches Examen; Habilitation mit *Akt und Sein* Studienjahr am „Union Theological Seminary" in New York; starke Beeinflussung seines Denkens durch die Lebensumstände, Kultur und Religion der schwarzen Bevölkerung in USA
1931	„World-Alliance"-Konferenz in Cambridge; Sekretär für die ökumenische Jugendarbeit; Privatdozent in Berlin und Studentenpfarrer an der Technischen Hochschule Berlin-Charlottenburg; Ordination; Ernennung zum Stadtsynodalvikar an der Zionskirche in Berlin (15. November)
1933	Betheler Bekenntnis gegen die „Deutschen Christen"; im Herbst Selbstverpflichtungsentwurf für Pfarrernotbund und Wittenberger Nationalsynode; im Oktober Antritt des Pfarramts in London; Rundfunkvortrag: „Wandlungen des Führerbegriffs"; Aufsatz: „Die Kirche vor der Judenfrage"

1934	Theologische Erklärung der Bekenntnissynode der Deutschen Evangelischen Kirche in Barmen
1935	Leiter des Predigerseminars in Zingsthof-Ostsee; Umzug des Seminars nach Finkenwalde bei Stettin; *Die Bekennende Kirche und die Ökumene*
1936	Lehrverbot für die Universität; *Zur Frage nach der Kirchengemeinschaft*
1937	Schließung des Seminars in Finkenwalde; Sammelvikariate in Köslin, Groß-Schlönwitz und später in Sigurdshof; *Nachfolge*
1938	Ausweisung aus Berlin; über Hans von Dohnanyi erste Kontakte zum deutschen Widerstand: Wilhelm Canaris, Hans Oster, Karl Sack und Ludwig August Theodor Beck
1939	*Gemeinsames Leben*
1940	Schließung von Sigurdsdorf; Redeverbot für das gesamte Reichsgebiet; Gespräche über eine Unabkömmlichstellung für Abwehraufträge; Arbeit an der *Ethik;* Aufenthalt in Kloster Ettal (bis Februar 1941)
1941	Druck- und Veröffentlichungsverbot; Anschluss an den Widerstandskreis um Admiral Canaris
1943	17. Januar: Verlobung mit Maria von Wedemeyer; 5. April: Inhaftierung im Wehrmachtsuntersuchungsgefängnis Berlin-Tegel
1944	8. Oktober: Nach dem Attentat auf Hitler Einlieferung in das Kellergefängnis der Geheimen Staatspolizei (Gestapo)
1945	9. April: Nach zweijähriger Haft Hinrichtung Bonhoeffers im KZ Flossenbürg.

Inhalt

Einleitung

Dietrich Bonhoeffer gilt zu Recht als eine Gestalt, die das 20. Jahrhundert maßgeblich mitgeprägt hat. Sowohl sein Engagement für die Kirche und die Theologie als auch die konkrete Gestalt einer praxisorientierten Verkündigung sind geradezu exemplarisch. Vor allem aber sein Widerstand gegen die mörderische Ideologie der Nationalsozialisten lenkt nicht nur den Blick auf die dunkelste Zeit der deutschen Geschichte: noch in der Annahme seines gewaltsamen Todes schenkt Bonhoeffer uns auch im 21. Jahrhundert Hoffnung und Zuversicht. Auch wenn in der brutalen Auslöschung des Menschenlebens jene unvorstellbaren Abgründe menschlicher Niedertracht erreicht scheinen, wird die „Biographie des Widerstands" zu einem Vorbild, das uns wachrüttelt und aufmerksam werden lässt für aktuelle Entwicklungen in Politik und Gesellschaft.

In guter Gesellschaft

Es waren Christen, die sich dem Sog nationaler Verblendung und rasendem Antisemitismus bis zum millionenfachen Mord an den Juden entzogen haben: Alfred Delp, Bernhard Lichtenberg, Rupert Mayer, Michael Kardinal Faulhaber, Clemens August von Galen, Konrad von Preysing, Maximilian Kolbe – um nur einige zu nennen, die stellvertretend für die vielen namenlosen Zeugen für den Glauben stehen. Ihre Namen gelten als Synonyme für profilierten Widerstand aus dem Geist der Christusnachfolge, die oft bis zum Martyrium gehen sollte.

Am 18. Juli 1944, nur zwei Tage vor dem Attentatsversuch auf Hitler, schrieb Bonhoeffer: „Der Mensch wird aufgerufen, das Leiden Gottes an der gottlosen Welt mitzuleiden. Er muss also wirklich in der gottlosen Welt leben und darf nicht den Versuch machen, ihre Gottlosigkeit irgendwie religiös zu verdecken, zu verklären; er muss ‚weltlich' leben und nimmt eben darin an den Leiden Gottes teil" (Widerstand und Ergebung, S. 535). Rückblikkend auf das Schicksal Bonhoeffers in den Jahren 1939–1944 wird deutlich, wie radikal diese Welt der Ort war, in dem er lebte und leiden musste. Rede- und Schreibverbot, die Schließung des Seminars, Inhaftierung und schließlich die Hinrichtung waren seine „Weltlichkeit", seine Teilhabe am Leiden Gottes an einer gottlosen Welt.

Kurztitel **Widerstand und Ergebung** = DIETRICH BONHOEFFER, *Widerstand und Ergebung. Briefe und Aufzeichnungen aus der Haft* (Dietrich Bonhoeffer Werke, hrsg. v. Eberhard Bethge u. a., 1986 ff., Bd. 8 [Kurztitel **DBW** 8]), 1998.

Der Visionär

Wie sehr Bonhoeffer an den Geschicken der Zeit interessiert war, auch darüber gibt sein theologisches Werk Aufschluss. Bedeutsam dabei ist die Vielfalt der Textarten, die er gewählt hat, um den drängenden Fragen des Menschen am Vorabend des Dritten Reiches Gestalt zu geben. Sein Werk ist nicht ohne diese Verschiedenheit einzuordnen, zu diskutieren und zu kommentieren. Überliefert sind seine akademischen Qualifikationsarbeiten *(Sanctorum Communio, Akt und Sein)*, deren fundamentale Aussage darin liegt, der Gesellschaft die Kirche als „Christus als Gemeinde existierend" gegenüberzustellen, die fortan als sozial-ethische Konstante tief in das Bewusstsein der Menschen und der Gesellschaft hineinwirken soll. Dieser unmittelbare Bezug von Theologie als die systematisch-denkerische Beschäftigung mit Gott zur konkreten praktischen

Einflussnahme auf die jeweils gegenwärtige Situation wird zu einem Merkmal Bonhoeffers, das sein Engagement im deutschen Widerstand erklärt. 1933 äußert sich Bonhoeffer – wie kaum ein anderer bereits in diesem Jahr – zum Verhältnis der Kirche zur Judenfrage nach dem Erlass des sog. Arierparagraphen. Es scheint, dass Bonhoeffer den heraufziehenden Terror und das Schicksal der europäischen Juden bereits vorausahnte.

Zwei Monate nach der nationalsozialistischen Machtübernahme verabschiedete die Reichsregierung unter Adolf Hitler am 7. April 1933 das „Gesetz zur Wiederherstellung des Berufsbeamtentums". Das Gesetz diente als Handhabe zur Gleichschaltung des öffentlichen Diensts und der Entlassung von Gegnern des NS-Regimes. Davon betroffen waren auch alle Beamten und Angestellten jüdischen Glaubens. Der in diesem Gesetz erstmals ausformulierte **Arierparagraph** (§ 3) verbot die Beschäftigung von „Nichtariern" im öffentlichen Dienst, die in den sofortigen Ruhestand zu versetzen waren. Als „nichtarisch" galt, wer einen jüdischen Eltern- oder Großelternteil besaß.

Dokumente des Glaubens

Neben den Predigten und Reiseberichten haben vor allem seine Briefe aus der Zeit seiner Inhaftierung den größten Einfluss auf die Bonhoeffer-Rezeption gehabt. Die Briefe sind persönliche Dokumente. Bonhoeffer schrieb sie, um die „Kontinuität mit der eigenen Vergangenheit" wiederherzustellen. Was die Inhaftierung durch Mauern und Gitterstäbe von ihm getrennt hatte, wurde in den Briefen wieder lebendig und gegenwärtig: die Eltern, die Verlobte, die Freunde.

Eberhard Bethge

An dieser Stelle soll Eberhard Bethge genannt werden. Die gemeinsam getragene Last des Kirchen-

Eberhard Bethge (1909–2000) evangelischer Pastor und Theologe. Als Vikar in Finkenwalde war Bethge prominentes Mitglied der Bekennenden Kirche. Von den Nationalsozialisten inhaftiert. Nach dem Krieg u.a. Leiter des Pastoralkollegs der Evangelischen Kirche im Rheinland.

kampfes, der Dienst als Pfarrer und die übernommene Verantwortung in den Predigerseminaren ließen eine Freundschaft entstehen, deren Kraft zugleich Hilfe und Unterstützung in den Jahren des Gefängnisses, der Bedrohung und der Verurteilung waren. Die Korrespondenz zwischen Bethge und Bonhoeffer gehört zu den anschaulichsten Zeugnissen, wie sehr der Glaube den Menschen in schwieriger Zeit tragen kann. Die persönlichen Erfahrungen eines Lebens unter heute unvorstellbaren Erfahrungen konnte Eberhard Bethge in seine bis heute unerreichte Biographie einfließen lassen.

EBERHARD BETHGE, *Dietrich Bonhoeffer. Theologe – Christ – Zeitgenosse.* Eine Biographie, [8]2004 (Kurztitel = **Bethge, Theologe**).

Wer ist Dietrich Bonhoeffer?

Diese Frage versuchte Bonhoeffer in einem Gedicht zu klären, das er im Sommer 1944 – während seiner Inhaftierung in Gefängnis der Gestapo – schrieb. In wenigen Zeilen wird der Blick freigegeben auf einen Menschen, der sicher und unsicher zugleich ist, und der mit der Skepsis sich selbst gegenüber zugleich um seine Wirkung auf andere weiß. So fragend sich Bonhoeffer selbst gibt, so muss aber auch jede Biographie aus der Hand eines anderen Antworten schuldig bleiben:

„Wer bin ich? Sie sagen mir oft,
ich träte aus meiner Zelle
gelassen und heiter und fest
wie ein Gutsherr aus seinem Schloß.

Wer bin ich? Sie sagen mir oft,
ich spräche mit meinen Bewachern
frei und freundlich und klar,
als hätte ich zu gebieten.

Wer bin ich? Sie sagen mir auch,
ich trüge die Tage des Unglücks
gleichmütig, lächelnd und stolz,
wie einer, der Siegen gewohnt ist.

Bin ich das wirklich, was andere von mir sagen?
Oder bin ich nur das, was ich selbst von mir weiß?
Unruhig, sehnsüchtig, krank, wie ein Vogel im Käfig,
ringend nach Lebensatem, als würgte mir einer die Kehle,
hungernd nach Farben, nach Blumen, nach Vogelstimmen,
dürstend nach guten Worten, nach menschlicher Nähe,
zitternd vor Zorn über Willkür und kleinlichste Kränkung,
umgetrieben vom Warten auf große Dinge,
ohnmächtig bangend um Freunde in endloser Ferne,
müde und zu leer zum Beten, zum Denken, zum Schaffen,
matt und bereit, von allem Abschied zu nehmen?
Wer bin ich? Der oder jener?

Bin ich denn heute dieser und morgen ein anderer?
Bin ich beides zugleich? Vor Menschen ein Heuchler
und vor mir selbst ein verächtlich wehleidiger Schwächling?
Oder gleicht, was in mir noch ist, dem geschlagenen Heer,
das in Unordnung weicht vor schon gewonnenem Sieg?

Wer bin ich? Einsames Fragen treibt mit mir Spott.
Wer ich auch bin, Du kennst mich, Dein bin ich, o Gott!"
(Widerstand und Ergebung, S. 513 f.)

Eine Beschäftigung mit Dietrich Bonhoeffer wird immer ein Gewinn sein. Die Annäherung des Menschen an Gott findet bei Bonhoeffer auf verschiedene Weise statt. In klassischen theologischen Studien, in Zeitungsartikeln und Entwürfen zur Heiligen Schrift, in Gutachten und durch die Mitarbeit am „Betheler

Bekenntnis“ (siehe S. 39 f.) der „Bekennenden Kirche“ (siehe S. 40 f.), in Predigten und Romanfragmenten sowie in Gedichten und persönlichen Zeugnissen, die ihn zu einem vielbeachteten Kämpfer gegen Unrecht, Tod und Verbrechen werden ließen. Dieser in den Jahren zwischen 1925 und 1945 entstandenen Fülle von Gedanken zu begegnen, erlaubt neben dem Blick auf das Werk auch die Einsicht in das Leben einer herausragenden Persönlichkeit des 20. Jahrhunderts, die ihre Kraft einem Satz des Völkerapostels Paulus verdankt: „Christus ist unsere Hoffnung“ (1 Tim 1,1).

Über die Umstände dieser Aussage berichtet uns ein Brief vom 25. Juli 1944 an Bethge, in: Widerstand und Ergebung, S. 545.

I. THEOLOGE, CHRIST IM WIDERSTAND, BLUTZEUGE

„... darum bemüht, sie nicht zu verwöhnen"

Bereits mit 24 Jahren vollendete Dietrich Bonhoeffer seine Habilitationsschrift *Akt und Sein* (siehe S. 26). Die Geschwindigkeit, mit der er seine Studien mit dem höchsten akademischen Grad abschließen konnte, scheint grundgelegt zu sein in seiner Herkunft aus einer großbürgerlichen Familie, deren Wurzeln sowohl in das südwestliche Deutschland nach Schwaben als auch in das immer noch vorherrschende Preußen zurückreichen. Der Vater der Mutter war Hofprediger bei Kaiser Wilhelm II. und später Professor für praktische Theologie, und der Großvater väterlicherseits Landgerichtspräsident in Ulm. Es mag reine Spekulation sein, aber vielleicht vereinen sich hier bereits die sprichwörtlich gewordenen Tugenden schwäbischer Fleiß und preußische Disziplin so, dass sie den Eltern Bonhoeffer für die Erziehung und Ausbildung ihrer Kinder zum wirksamen Leitbild wurden. Vater Karl notierte in sein Silvestertagebuch 1909 die ein wenig programmatisch klingenden Worte: „wir Eltern (...) sind darum bemüht, sie nicht zu verwöhnen."
Zusammen mit Paula Bonhoeffer, geborene von Hase, hatte der berühmte Berliner Professor für Psychiatrie und Neurologie, Karl Bonhoeffer, acht Kinder. Dietrich wurde am 4. Februar 1906 in Breslau geboren, zusammen mit seiner Zwillingsschwester Sabine.

Das familiäre Leben war durchdrungen von der gesellschaftlichen Position des Vaters und den sozialen Kontakten der Mutter. Als angesehener Professor der Berliner Universität in der Stadt des Kaisers stand die Familie in engstem Kontakt mit dem Physiker Max Planck und dem renommierten evangelischen Theologen Adolf von Harnack. Hier im Berliner Villenviertel Grunewald wurden die neuesten Ereignisse in Politik und Wissenschaft offen und mit aller Klarheit diskutiert. Eine ideologisierte oder politische Engführung konnte im Hause Bonhoeffer, in dem die Gemeinschaft der Familie ein enges Band knüpfte, nicht entstehen. Mancher Brief aus der Haft dokumentiert die Kraft dieser familiären Bindung: „Das könnt Ihr Euch gar nicht vorstellen, was es bedeutet, wenn einem plötzlich gesagt wird: ‚Ihre Mutter, Ihre Schwester, Ihr Bruder waren eben da und haben etwas für Sie abgegeben'. Einfach die Tatsache der Nähe, das handgreifliche Zeichen dafür, dass Ihr immer an mich und für mich denkt – was ich ja eigentlich sowieso weiß –, das ist etwas so Beglückendes, dass es durch den ganzen Tag hindurchträgt" (Widerstand und Ergebung, S. 50)

Max Planck (1858–1947), Nobelpreisträger für Physik. Planck gilt als Begründer der Quantenphysik.

Adolf von Harnack (1851–1930), evangelischer Theologie und Kirchenhistoriker. Professor an der Universität Berlin. Berühmt sind seine 16 Vorlesungen *Das Wesen des Christentums* (1900). Der liberalen Theologie zugehörig, war von Harnack auch ein bedeutender Wissenschaftsorganisator Preußens. Zu seiner Theologie siehe S. 23.

Studium in Tübingen, Rom und Berlin

Wann und unter welchem Einfluss Bonhoeffers Entscheidung zugunsten des Theologiestudium herangereift ist, bleibt reine Spekulation. Keine autobiographische Notiz oder eine andere Stimme lassen erkennen, unter welchen Umständen die Theologie für Bonhoeffer entscheidend wurde. Das Elternhaus war im besten Sinn christlich ausgerichtet, aber nichts deutet auf eine besondere kirchliche Bindung hin. Jedoch scheint der Wunsch in jungen Jahren schon einmal ausgesprochen worden zu sein. Bethge schreibt dazu: „Den Wunsch, Pfarrer und Theologe zu werden, hat Bonhoeffer bereits als Kind gefasst und ihn vermutlich ohne wesentlichen Bruch durchgehalten, bis er verwirklicht wurde“ (Bethge, Theologe, S. 61). Äußere Motive waren vielleicht die Erfahrung des Todes eines seiner Brüder während des Ersten Weltkrieges sowie die bedrückende Stimmung in der Familie und der ganzen Welt in den Jahren zwischen 1914 und 1918.

Seinem Drang, Neues und auf der Basis des Ererbten zu entdekken, des „Gewussten“, wie Bonhoeffer 1943 schreibt, entspricht die Theologie auf ihre besondere Weise. Der reichhaltige Schatz der Tradition, das Neuentdecken und Interpretieren der Heiligen Schrift gestalteten sich für ihn als weites Feld des Wissens und des Reflektierens über den Menschen in einer Welt, die aus den Fugen zu geraten droht. Denn in den ersten beiden Jahrzehnten des 20. Jahrhunderts erscheint es, zumindest was Deutschland angeht, durchaus absehbar, daß die Menschlichkeit in der ersten Jahrhunderthälfte auf der Strecke bleiben könnte.

Sein offenkundiges Interesse an der Kirchengeschichte, das er bereits als Schüler verspürte, gepaart mit der Lektüre von Schleiermachers Reden über die Religion, und die Wahl des Hebräischen als Wahlfach im Gymnasium geben einer im Inne-

Das Werk des protestantischen Theologen und Philosophen **Friedrich Schleiermacher** (1768–1834) *Über die Religion. Reden an die Gebildeten unter ihren Verächtern* erschien erstmals 1799.

ren getroffenen Entscheidung auch ihre äußere Gestalt. Nach dem Abitur 1923, das er zusammen mit seinem Bruder Klaus in Berlin absolvierte, nahm er in Tübingen, an der traditionsreichen Eberhard Karls Universität, das Studium der evangelischen Theologie auf.

Die Theologie und der „Igel"

Karl Groos (1861–1946), Philosoph und Psychologe. Arbeitete vornehmlich auf dem Gebiet der Kinderpsychologie und entwickelte eine Theorie des Spiels.

Adolf Schlatter (1852–1938). Der Schweizer evangelische Theologe lehrte Exegese des Neuen Testaments in Bern, Greifswald, Tübingen und Berlin.

Karl Heim (1874–1958) lehrte seit 1920 in Tübingen und suchte v.a. neue Wege des Gesprächs zwischen Glaube und Naturwissenschaft.

In Tübingen machte Dietrich Bonhoeffer Bekanntschaft mit dem Philosophen Karl Groos, der Exegese von Adolf Schlatter und dem Systematiker Karl Heim. Als eine Art Schnupperzeit kann das erste Studienjahr Bonhoeffers eingestuft werden. Orientiert man sich an den Angeboten des Studienjahres, so sind es erste Kontakte mit dem Alten Testament, eine Einführung in die mittelalterliche Kirchengeschichte und u.a. ein Seminar über Kants Kritik der reinen Vernunft. „Tour d'horizon" wird man wohl seine erste Begegnung mit der akademischen Welt in Tübingen nennen dürfen.

Daneben hatte Tübingen natürlich einiges an studentischem Leben zu bieten. Auch wenn Bonhoeffer sich mit dem nötigen Esprit und Ehrgeiz den an der Universität gestellten Fragen stellte, so zeichnet sich ebenso der Wunsch ab, Geselligkeit im Kreis der Kommilitonen zu suchen. Der „Igel", so der Name einer Studentenverbindung, war 1871 gegründet und ganz getragen von der vaterländischen Idee eines neuen Reiches. Dies war wohl dem Gründungsjahr geschuldet, aber spiegelt auch die politische Einstellung der Mitglieder. Gewohnt, das Vergangene zu bewahren und dem Neuen skeptisch gegenüberzutreten, wurde die Gestalt Bismarcks als Reichsgründer verehrt. Ansonsten gab die Verbindung auch den Raum für akademische Diskussionen über die Grenzen der eigenen Fakultät hinweg. Bonhoeffer, stets darauf bedacht eine möglichst universale Bildung zu erlangen, belegte auch der Theologie fremde Fächer: Die Formen in Beethovens Symphonien und Sozialpolitik. Auch seinem musischen Charakter blieb der Klavierspieler sein Leben lang treu.

Aufbruch nach Rom – „Ich fange an, glaube ich, den Begriff Kirche zu verstehen"

Neben den intensiven Studien zur Philosophie war für Bonhoeffer immer die Antike und das Mittelalter ein entscheidendes Element seines Wissensdrangs. Geprägt von der Generation, die in der mittelalterlichen Welt- und Geisteshaltung das unverrückbare edelste Gedankengut sahen, wurde Rom zum Inbegriff kultureller Bedeutung. Sein eigener Urgroßvater stand in engem Kontakt mit Ferdinand Gregorovius und Bertel Thorwaldson und am Rande des I. Vatikanischen Konzils auch mit Kardinälen und Bischöfen. Die Entdeckung der mittelalterlichen Literatur, Kunst und natürlich der Theologie war jedoch keine bloße Nostalgie, sondern ein Bewahren und eine Fortschreibung der als höchste Form der kulturellen Ausdruckskraft angesehenen Epoche. Der Ver-

Als Historiker und Theologe, Redakteur und Schriftsteller war **Ferdinand Gregorovius** (1821–1892) berühmt für seine achtbändige *Geschichte der Stadt Rom im Mittelalter* (1859–1872) – welche bisher unerreicht blieb.

Bertel Thorwaldson (1768–1844), Bildhauer. Er gilt als einer Hauptmeister des Hochklassizismus. Eines seiner bekanntesten Werke ist das Grabmal Papst Pius' VII. im Petersdom.

dienst der Generation am Wechsel vom 19. zum 20. Jahrhundert liegt vor allem darin, verloren zu gehen drohende Schätze der Tradition endlich einer übergreifenden Forschung zuzuführen und fast vergessene Autoren neu zu edieren und zu interpretieren. Der Nebeneffekt einer Wiederentdeckung des Mittelalters war der Zuspruch, den historische Wissenschaften insgesamt erhielten. Es entspricht dem Bildungsstand der familiären Umgebung Bonhoeffers, dass eine romantische „Italiensehnsucht" entstehen konnte, die typisch für dieses Milieu war.

Mit 18 Jahren bricht er zusammen mit seinem Bruder Klaus (1901–1945) nach Rom auf. Im Gepäck die Erinnerung an den Lateinunterricht am Gymnasium, der jeden Schüler neugierig auf die Monumente des antiken Roms und seiner Kaiser machte. Nach seiner persönlichen Phase des Suchens nach einem für ihn geeigneten Platz im universitären Leben in Tübingen, schien die Reise in den Süden als Erfüllung eines Traums, den jeder junge Mensch hegt: Herauszutreten aus der Enge und Gewohnheit der eigenen Lebensumstände.

Zu dieser Zeit in der Ewigen Stadt reifte in Bonhoeffer ein anderer Blick auf die katholische Kirche wie auf seine als im Vergleich provinziell und kleinbürgerlich erscheinende eigene evangelische Kirche im Alten Preußen. Gefangengenommen haben ihn die liturgischen Feiern an den Ostertagen, die er in St. Peter zu Rom miterleben konnte. Die Universalität der Kirche Jesu Christi tritt nirgends sichtbarer in Erscheinung als in Rom. Die Konsequenz war, dass sich sein theologisches Fragen nun zunehmend auf die Kirche richtete. In seinem Reisetagebuch hielt er fest: „Ich fange an, glaube ich, den Begriff Kirche zu verstehen" (Jugend, S. 89). Eingebunden in die Entwicklungen der eigenen Heimat in den 1930er Jahren ist es konsequent, dass die Position der Kirche neu angefragt werden würde. Die Ekklesiologie, die Lehre von der Kirche, rückt in

Kurztitel **Jugend** = DIETRICH BONHOEFFER, *Jugend und Studium 1918–1927* (= DBW 9), 1986.

den Vordergrund und wird dauerndes Thema der theologischen Reflexion Bonhoeffers bleiben. In der Dissertation *Sanctorum Communio* (vgl. S. 25 f.) entscheidet sich Bonhoeffer für eine ausgeprägte Darstellung der sichtbaren und theologischen Realität der Kirche. Die rein metaphysische Betrachtungsweise der Kirche greift zu kurz. Gemeinde und Gemeinschaft im Heute braucht Sichtbarkeit, Form und Struktur.

Wenn auch nur hypothetisch, so kann doch angenommen worden, dass das ökumenische Engagement Bonhoeffers auch während seines Aufenthalts in Rom zumindest keimhaft entstanden ist. In seinem Tagebuch ist zu lesen: „Noch einmal zum Schluss sah ich, was der Katholizismus ist, und gewann ihn wieder herzlich lieb. (…) Als ich aber zum letzten Mal St. Peter sah, da wurde es mir schmerzlich ums Herz“ (Jugend, S. 111). Seine Einschätzung des Katholizismus jener Jahre drückt er mit der bei ihm gewohnten freundlich-kritischen Distanz aus, die eine gewisse Begeisterung für das in Rom Erlebte jedoch schwer verheimlichen kann: „Die Verdienste, die sich die katholische Kirche im Laufe ihrer Geschichte um europäische Kultur, um die ganze Welt erwarb, sind kaum zu überschätzen. Sie hat barbarische Völker christianisiert und zivilisiert und ist lange Zeit einzige Hüterin von Wissenschaft und Kunst gewesen. Sie hat eine geistige Macht ohnegleichen entfaltet und noch heute bewundern wir an ihr, wie sie den Grundsatz der Katholizität und der alleinseligmachenden Kirche, Toleranz und Intoleranz verbindet. Sie ist eine Welt für sich. Unendlich Verschiedenartiges ist in ihr zusammengeströmt, und dies bunte Bild gibt ihr den unwiderstehlichen Reiz (Complexio oppositorum). Es hat selten ein Land so verschiedenartige Menschen hervorgebracht wie die katholische Kirche. Mit bewundernswerter Kraft versteht sie ihre Einheit in all der Mannigfaltigkeit zu erhalten, versteht sie die Liebe und Ehrfurcht der Massen sich zu erwerben und starken Gemeinschaftssinn zu wecken“ (Jugend, S. 583).

Noch Jahre später kann man die Begeisterung über seinen Aufenthalt in Italien spüren. „Das Stück Erde, das ich so sehr liebe“ – so beschreibt Bonhoeffer in einem Brief an Eberhard Bethge vom 24. März 1944 sein Empfinden, wenn er aus der Haft heraus seine Gedanken an Rom zu beschreiben versucht (Widerstand und Ergebung, S. 356). Schon im Februar gab er ihm den Ratschlag, unbedingt die Kar- und Ostertage in St. Peter im Vatikan und das Stundengebet der Schwestern in Trinità ai Monti mitzufeiern (Widerstand und Ergebung, 334 f.).

Zwischen Adolf von Harnack und Karl Barth – Studienjahre in Berlin

1924 kehrte er nach Berlin zurück. In die pulsierende Metropole an der Spree. Die politischen Spuren des vergangenen Kaiserreiches waren zwar in der Zwischenzeit verblasst, aber der rege Kulturbetrieb war das Markenzeichen der „Goldenen 20er Jahre“. Und die Kunstausstellungen und Theaterbühnen atmeten noch nicht den braunen Dampf ein, der sich nur ein paar Jahre später der Stadt bemächtigen sollte. Es war die Stadt Max Plancks und Albert Einsteins, deren Forschungen bedeutsame Ergebnisse hervorbrachten und das naturwissenschaftliche Weltbild revolutionierten.
Die ambitionierte Pluralität der Stadt regte Bonhoeffer wohl auch an, Fächer und Studiengänge zu belegen, die weit über die Theologie hinausgreifen. Er besuchte die Lehrveranstaltungen von Heinrich Meier zur Erkenntnistheorie und knüpft so an seine Anfänge in Tübingen wieder an, und Psychologie bei Max Wertheimer. Entsprechend seinem Drang, Neues zu erlernen, bot Berlin eben Möglichkeiten an, diese zu realisieren. Erst die Nationalsozialisten beendeten diese Vielfalt durch die Vertreibung der großen Gelehrten in Berlin.

Die Theologie eröffnete in dieser Zeit ein neues Kapitel. Mit Adolf von Harnack (siehe Randnote S. 16) und Karl Barth sind zwei Vertreter der Theologie ins Blickfeld geraten, deren Wirken nachhaltigen Einfluss auf die Diskussion der Zwischenkriegszeit hatten und darüber hinaus.

Karl Barth (1886–1968). Evangelisch-reformierter Theologe. Mitbegründer der „Bekennenden Kirche" und Hauptvertreter der „dialektischen Theologie".

Adolf von Harnack galt als die prägende Gestalt der Berliner Universität und Hauptvertreter der liberalen Theologie. Nach Stationen in Gießen und Marburg konnte er in Berlin sein eigentliches Konzept der Kirchengeschichtsschreibung bzw. -deutung entwickeln. Sein kirchenhistorisches Engagement wurde getragen von der historisch-kritischen Methode. Das Christentum, so Harnack, und sein Glaubensanspruch sollten auf der Basis der geschichtlichen Einordnung und dem Blick auf historische Begebenheiten einsichtig werden. Jenseits der Spekulation tritt bei Harnack die eigene Tradition und das geschichtliche Erbe in den Vordergrund. Dieser Gang in die eigene Vergangenheit diente aber der Plausibilität des Christentums, das, durch die historische Vergewisserung, neu in der Gegenwart verankert werden sollte. Die geschichtliche Aufarbeitung sollte den verbindlichen Wahrheitsgehalt des Glaubens herausarbeiten. Harnacks Lebensleistung ist aus der Perspektive der Kirchenhistorie unumstritten.

Wie kaum ein anderer begeisterte Karl Barth den jungen Theologen Dietrich Bonhoeffer. Barths radikaler Ansatz der dialektischen Theologie, am griffigsten in seinem *Kommentar zum Römerbrief* (1919, ^{2}1922) des Apostels Paulus fixiert, wenn er darin Gott als den ganz Anderen neu interpretiert. Es gibt keinen Weg zu Gott für den Menschen.
Nicht mehr der Mensch mit seiner Religiosität, mit seiner Frömmigkeit darf im Mittelpunkt der Theologie stehen. Einen

denkerischen Absolutheitsanspruch darf nur Gott für sich beanspruchen. Das „Nein“ Gottes zur Geschichte des sündigen Menschen wird aber aufgefangen im „Ja“ Jesu Christi, dem in die Welt hineingesprochenen Wort Gottes. Aus der Perspektive der Menschen bleibt der Zugang zu Gott versperrt. Es sei denn, alle Religiosität öffnet sich dem unendlichen Qualitätsunterschied, der zwischen Gott und dem Menschen besteht und negiert sich als religiöses Apriori, das sich der Offenbarung entgegensetzt. In der Ablehnung des sündigen Menschen liegt die Bereitschaft Gottes, den Sünder anzunehmen. Gericht und Gnade, Tod und Leben, Ja und Nein dürfen in ihrer Gegensätzlichkeit nicht aufgelöst werden, sondern müssen gerade darin ihre Realität erkennen. Wahrheit über Glaube, Gott, Erlösung gibt es nur, wenn diese Paradoxien jeweils mitgedacht und ausgehalten werden. Gerade *in* seiner Offenbarung bleibt Gott als der ganz Andere, unbekannte Gott. Und *durch* die Offenbarung erfährt der Mensch seine Grenze, die er von sich aus nicht überspringen kann. Wenn der „ganz Andere“ auf die Welt und den Menschen trifft, dann ist die Zeit des Gerichtes angebrochen. Erst mit der *Kirchlichen Dogmatik* (Band I–IV, 1932–1955) ändert sich die Ausrichtung der Barth’schen Theologie. Nicht mehr die endzeitliche Krisis, die durch die Begegnung Gottes mit der Welt eintritt, sondern Christus als das ewige Wort ermöglicht den Übersprung über die schier unüberwindbare Grenze zwischen Mensch und Gott: In Christus begegnet der Mensch Gott selbst, und der Bund, die Versöhnung und die Erlösung werden zu Charakteristika der offenbarenden Heilszusage Gottes an den Menschen.

Persönlich traf Bonhoeffer Barth erst 1931 in Bonn. Er fuhr eigens in die Stadt am Rhein, um für einige Wochen den berühmten Barth zu erleben: „Ich habe so etwas noch vorher nie gesehen noch für möglich gehalten“, resümiert er nach dem Besuch von Vorlesungen und Seminaren. Tief beeindruckt hat ihn Barths Offenheit, Konzentrationsfähigkeit und das geschulte Diskutieren mit den Studenten. Diesem ersten Kontakt sollte noch eine Reihe weiterer Gespräche und Begegnungen folgen. Barth selbst erinnert sich in einem Brief an Eberhard Bethge an den Einfluss Bonhoeffers auf die Theologie in Deutschland: „Es bestand in dem durch die Problematik seiner lutherischen Tradition belasteten Deutschland ein ‚Nachholbedarf' gerade in der von mir stillschweigend vorausgesetzten oder nur nebenbei betonten Richtung: Ethik – Mitmenschlichkeit – dienenden Kirche – Nachfolge – Sozialismus – Friedensbewegung – und in und mit Allen, eben Politik. Diese Lücke und diese Notwendigkeit, sie auszufüllen, hat Bonhoeffer offenbar von Anfang an scharf und dann immer schärfer empfunden und auf breiter Front zur Aussprache gebracht. Und – hoffentlich entscheidend! – war und ist es diese längst fällige und nun von ihm so wuchtig vertretene Ergänzung, die – jedenfalls weithin – das Geheimnis des Eindrucks ist, den er, besonders indem er auch noch ein Märtyrer gerade in dieser Sache wurde, mit Recht gemacht hat und noch macht" (zit. nach: Bethge, Bonhoeffer, S. 138).

Kurztitel **Bethge, Bonhoeffer** = Eberhard Bethge, *Dietrich Bonhoeffer*, 1976.

Sanctorum Communio und *Akt und Sein*

„Eine dogmatische Untersuchung zur Soziologie der Kirche" lautet der Untertitel der 1927 eingereichten Doktorarbeit Bonhoeffers. Sie hat sich dem Thema Kirche verschrieben. Er unternimmt einen dogmatischen Erklärungsversuch der Kirche mit den Mitteln der Sozialwissenschaften und geht daher von einem doppelten Blickwinkel – dem soziologischen und theologischen – ein auf die Wirklichkeit der Kirche, die sichtbar in der Geschichte greifbar ist und in ihr wirkt. Die Kirche ist von Gott gewollt und von Jesus Christus gestiftet. So ist sie ein geistigtheologisches Phänomen, das aber zugleich leiblich-greifbar in der Welt anzutreffen ist und daher auch über eine soziologische Komponente verfügt. Kirche ist „Christus als Gemeinde existierend“ (Sanctorum Communio, S. 159). In diesem Axiom schwingt die doppelte Zugangsweise zur Kirche mit: rein mit den Gesetzen und der Methode der Soziologie ist die Gemeinschaft derer, die an Christus glauben und von ihm gerufen wurden nicht „entschlüsselbar“.

Kurztitel **Sanctorum Communio** = DIETRICH BONHOEFFER, *Sanctorum Communio. Eine dogmatische Untersuchung zur Soziologie der Kirche* (= DBW 1), 1986.

Auch für seine Habilitationsschrift bleibt der Kirchenbegriff tragend. Mit dem Topos: Offenbarung geschieht in der Gemeinde zeichnet Bonhoeffer in *Akt und Sein* den Offenbarungsbegriff als Ereignis, das sich in der Gemeinde vollzieht. Gott handelt und der Mensch reagiert durch die Annahme der ergangenen Offenbarung. Aber auch hier greift das soziologische Argument, denn der Mensch ist „Hörer des Wortes“ nur in der Gemeinschaft der wirklich geschichtlich verfassten Kirche. Und sie ist gesetztes „Sein“, weil sie sich ereignet hat und so Kontinuität garantiert, und „Akt“ zugleich, weil der Mensch stets aufs Neue auf das Angebot Gottes eingehen muss. So wird die Frage nach der Offenbarung zu einem Thema des existentiellen Angesprochen-Seins und der ekklesialen Wirklichkeit.

Kurztitel **Akt und Sein** = DIETRICH BONHOEFFER, *Akt und Sein* (= DBW 2), [3]1988.

Der „Donnerstagskreis“

Bonhoeffers Theologie wurde immer unter dem Leitmotiv der Kongruenz zwischen Lehre und Leben gesehen. Und in der Tat war er in allen Phasen seines akademischen Wirkens auch an der praktischen Umsetzung des Erlernten und später auch Gelehrten interessiert. Als Beispiel soll hier der sogenannte

„Donnerstagskreis“ dienen. Aus der Kindergottesdienstgruppe erwuchs später ein Diskutierclub der Jugendlichen. Kein Thema wurde ausgespart. Richard Wagners *Parsifal* wurde vor dem gemeinsamen Opernbesuch besprochen, theologische Vorträge sowie die Interpretation herausragender literarischer Texte und Gedichte ließen in Berlin eine Art Akademie für junge Menschen entstehen.

Die neue Welt: Barcelona, New York, London

1928 wurde Bonhoeffer Vikar in der deutschen evangelischen Gemeinde in Barcelona. Zum ersten mal verließ er die akademische Welt, die er von Kindheit und Jugend an erleben durfte. Für ihn war es ein enormer Einschnitt. In der kaufmännisch geprägten Gemeinde von Barcelona, deren Hafen magnetischer Anziehungspunkt für alle Arten von Handelsbeziehungen und Exportgeschäften war, galt das universitäre Leben mit seinen Diskussionen und theoretischen Abhandlungen wenig. Die Mitglieder waren Kaufleute, die sich in der Ferne eine kleine heile Welt schaffen wollten. Eine Welt, die der glich, die sie vielleicht vor Jahrzehnten bereits verlassen hatten. Man gab sich gut(klein-)bürgerlich und betont konservativ. Neuerungen gegenüber war man eher skeptisch eingestellt. Nichts war dort von der Lebhaftigkeit und der kulturellen Umtriebigkeit Berlins zu spüren.
Und auch zum ersten mal war er in einer kirchlichen Funktion. Als Vikar der Gemeinde in Barcelona verkörperte er neben dem ortsansässigen Pfarrer Olbricht das Amt seiner Kirche. Wie sich hier die Erkenntnisse seiner Dissertation und seiner Habilitation nun auch einer praktischen Anwendung überführen ließen, war für Bonhoeffer eine mit Neugierde verbundene Herausforderung.

Bevor Bonhoeffer für ein Jahr (1930–1931) in die Vereinigten Staaten von Amerika ging, war er von 1929 an Assistent in Berlin. In kürzester Zeit veränderte sich das politische Klima in Deutschland. Als Folge des turbulenten Zusammenbruchs der Börse an der Wall Street in New York und der sich daran anschließenden Wirtschaftskrise, wurden die antidemokratischen Kräfte immer dominanter. Joseph Goebbels wurde Pro-

pagandaleiter seiner Partei und Gauleiter in Berlin. Notverordnungen wurden in Kraft gesetzt, um die bereits gescheiterte Weimarer Republik zu retten. Bonhoeffer selbst blieb den Geschehnissen noch eher distanziert gegenüber.
Gegenwärtig war für ihn etwas anderes entscheidend. Nach seinem Romaufenthalt und dem Jahr als Vikar in Barcelona drängte es Bonhoeffer nach weiteren neuen Erlebnissen und Erfahrungen in anderen Ländern.
So brach er am 5. September 1930 nach New York auf. Am „Union Theological Seminary" sollte er ein Jahr verbringen. Dort fand er einen ersten Zugang zur Ökumene und zu den gravierenden Problemen zwischen der weißen und der farbigen Bevölkerung in den USA. Der „Weltbund für Freundschaftsarbeit der Kirchen" („World Alliance") war ein stark am Humanismus ausgerichteter Zweig der protestantischen ökumenischen Bewegung, dem er zunächst skeptisch gegenüberstand. Nur ein Jahr später war er Delegierter für Deutschland bei der Tagung 1931 in Cambridge. Für Ökumene war, nach seiner Ansicht, die Zeit noch nicht reif genug. Im Fokus seiner Studien standen in erster Linie die Lebensbedingungen der Afroamerikaner, die in unmittelbarer Nachbarschaft zum Seminary unter entsetzlichen Umständen buchstäblich hausten. Unter dem Stichwort „Trip to Negro Centres of Life and Culture in Harlem" wurden Studientage über Afroamerikaner angeboten. In der sogenannten „Negerfrage" wurde ihm bewusst, welche ethischen und sozialen Herausforderungen sich erst für die amerikanische Gesellschaft stellen werden. Dass es in den 1960er Jahren mit Martin Luther King zu einer echten Konfrontation im Ringen um eine politische Lösung kommen werde, konnte er schon ahnen. Ethnische Fragen, die ganze Bevölkerungsschichten betreffen, lassen sich nicht auf eine religiöse oder ethische Dimension allein reduzieren. Politische Mitsprache sowie freie Gestaltungs- und Ausdrucksmöglichkeiten in der Öffentlich-

keit sind gesellschaftspolitische Herausforderungen, denen sich ein ganzes Land mit über 200 Millionen Einwohnern als Ganzes zu stellen hat. Bonhoeffer sah diesen Konflikt bereits 1930 voraus. Resümierend schreibt er in seinem Studienbericht für das Kirchenbundesamt: „Dieser persönliche Umgang mit den Negern war für mich eines der entscheidendsten und erfreulichsten Ereignisse in meinem amerikanischen Aufenthalt" (Barcelona, S. 274).

Der Begriff „Neger", heute als rassistisch gebrandmarkt, war zu dieser Zeit nicht anstößig.

Kurztitel **Barcelona** = Dietrich Bonhoeffer, *Barcelona, Berlin, Amerika 1929–1931* (= DBW 10), 1992.

Seine Gedanken kreisten nun fortan um den amerikanischen kirchlich motivierten Pazifismus, der einem deutschen Lutheraner zu Beginn des 20. Jahrhunderts so fremd erscheinen musste. Inspiriert durch seinen französischem Kollegen Jean Lasserre, der Theologie und eine wortwörtliche Interpretation der Bergpredigt zu seinem Lebensideal erklärte, beschäftigte sich Bonhoeffer Alice Dwyer Catharina Caterba mit grundlegenden Fragen des Pazifismus, der Ethik und einer Friedensordnung für die Welt. Dass er sich später den konspirativen Kreisen um General Canaris anschloss, dürfte in Amerika denkerisch seinen Anfang genommen haben. Bedrückend waren sicherlich die Nachrichten über die stetig anwachsende Zahl der Arbeitslosen in der Heimat und die bereits kolportierte „Judenfrage". Deutschland hatte sich in kürzester Zeit verändert. Aus Amerika hat er sicherlich seine tiefe Erschütterung über die Ungleichbehandlung und Unterdrückung der Farbigen mitgebracht, die uns wieder in seinen klaren Stellungnahmen zum Rassismus und Antisemitismus in Deutschland begegnen werden.

Jean Lasserre (1908–1983), nach Studium in Paris und New York (am Ende Mexiko-Reise mit Bonhoeffer) Pfarrer in Frankreich, Unterstützung der „Resistance", nach dem Krieg Engagement für Versöhnung, gegen Folter, Algerien-Krieg und Atomwaffen. *La Guerre et l'Evangelie,* Paris 1953, dt. *Der Krieg und das Evangelium,* 1956.

Eine kritische Auseinandersetzung mit dem Protestantismus in den Vereinigten Staaten von Amerika begegnet uns 1939 in einem Aufsatz mit dem Titel „Protestantismus ohne Reformation". Lesenswert sind dabei besonders seine Ausführungen zum Verhältnis von Kirche und Staat und über die Rassenfrage in Bezug auf die farbige Bevölkerung in USA, bei denen er anknüpfen konnte an die eigenen Erfahrungen in den 1930er Jahren während seines ersten Aufenthalts in New York (Theologenausbildung, S. 431–460).

Kurztitel **Theologenausbildung** = DIETRICH BONHOEFFER, *Illegale Theologenausbildung: Sammelvikariate 1937–1940* (= DBW 15), 1998.

In USA reiften erneut (zuerst in Barcelona) auch die Überlegungen zu einer Reise, die ihn nach Indien führen sollte. Sein Interesse galt dem pazifistischen und zugleich politischen System Mahatma Ghandis. Fasziniert von der Radikalität völliger Gewaltlosigkeit als politische Gestaltungsmöglichkeit hoffte er in Indien ein Vorbild für den oppositionellen Widerstand in Deutschland zu finden. Auch wenn er 1934 noch einmal Reisepläne schmiedete, scheiterte auch der dritte Versuch den Subkontinent zu bereisen und durch die Begegnung mit Ghandi, das Studium der religiösen Entfaltung sowie der Kultur Indiens seine Bildung zu bereichern und sogar für die gegenwärtige politische Lage Nutzen für den Widerstand in der Heimat zu gewinnen.

Cambridge: erste Schritte in der Ökumene

Superintendent Max Diestel, Bonhoeffers kirchlicher Vorgesetzter, überzeugte Bonhoeffer, dass er bei der „World-Alliance"-Konferenz in Cambridge Deutschland vertreten sollte. Als Mitglied der Jugenddelegation wurde er vor Ort zu einem der drei Jugendsekretäre für die ökumenische Zusammenarbeit berufen. Der Weltbund hatte sich am Vorabend des Zweiten Weltkriegs in besonderer Weise der Friedensarbeit verschrieben und so – ein in den Augen der immer sichtbarer werdenden nationalsozialistischen Front und einiger Vertreter innerhalb der evangelischen Kirche – sich einem dem Verrat am eigenen Volk verschriebenen Treiben schuldig gemacht. Der Erlanger Theologe Paul Althaus und der Göttinger Emanuel Hirsch deklassierten jedes ökumenisch Engagement als „unmöglich", solange „die Anderen" eine für das deutsche Volk „mörderische Politik" betreiben würden. Eine derart nationale Prägung der evangelischen Kirche war dem Anliegen der Ökumene rein aus politisch-nationalen Beweggründen entgegengestellt. Wer in Cambridge an der Konferenz teilnehmen würde, beginge Verrat am deutschen Volk. Bonhoeffer ließ sich nicht einschüchtern, konterte mit der Aussage, Prof. Hirsch rede „Unsinn", und fuhr nach England. In einem in der damaligen Tschechoslowakei 1932 gehaltenen Vortrag gibt er der „politische(n) Welle des Nationalsozialismus" die Schuld dafür, dass die ökumenische Bewegung „kraftlos und bedeutungslos" geworden ist. Ihm war völlig klar, welchen Schaden eine nationale Enge für die Kirche und ihr ökumenisches Tun,

Paul Althaus (1888–1966), evangelischer Theologe. Wegen seiner anfänglich positiven Einstellung zum Nationalsozialismus und zum Arierparagraphen nicht unumstritten. Zugleich gilt er als herausragender Lutherforscher.

Emanuel Hirsch (1888–1972), evangelischer Theologe. Lehrtätigkeiten in Bonn und Göttingen in den Fächern Kirchengeschichte und systematische Theologie.

angerichtet hat und in Folge zunehmender Nationalisierung zu verantworten hat. Solche klaren Worte sind in dieser Zeit Ausdruck eines besonderen Mutes.
Zweifellos war er in ökumenischen Fragen anfänglich zurückhaltend. Sein pazifistisches Anliegen aber, ließ sich auf internationaler Ebene auf diese Weise deutlicher betonen. Als Jugendsekretär wuchsen ihm auch über die Konferenz in Cambridge weitere Aufgaben zu. Er wurde in die Vorbereitungskommission für die folgenden Sitzungen in Sofia (1933) und Fanö (1934) sowie in den Rat selbst gewählt.

Privatdozent und Studentenpfarrer in Berlin

Im Anschluss an die internationalen Erfahrungen lehrte Bonhoeffer an der Berliner Universität und entwickelte sich dort zu einem angesehenen und beliebten Dozenten, der auch ungewöhnliche Elemente in den Vorlesungsbetrieb einführte. Seine Lehrveranstaltungen eröffnete er mit einem Gebet und erweckte bei den mittlerweile den Nationalsozialisten immer näher kommenden Kollegen Unmut und Unverständnis. Als Theologe positionierte er sich mit grundlegenden Themen zur Theologie des 19. und 20. Jahrhunderts sowie zum Begriff Kirche.
Dass er der Kriegseuphorie mit einem klaren Pazifismus entgegentrat, machte sicherlich auch die politischen Machthaber bereits Anfang der 30er Jahre auf ihn aufmerksam. Krieg dürfe nicht sein, „weil er den Blick auf die Offenbarung raubt" (Ökumene, S. 341).

Kurztitel **Ökumene** = DIETRICH BONHOEFFER, *Ökumene, Universität, Pfarramt 1931–1932* (= DBW 11), 1997.

Sein Einfluss, den er als Studentenseelsorger an der Technischen Universität in Berlin/Charlottenburg auf junge Menschen hatte, wurde argwöhnisch beäugt. Denn gerade die Nationalsozialisten wollten durch eine konsequente Jugendarbeit ihren politischen Zielen Nachhaltigkeit geben. Wer die Jugend für sich gewinnen kann, hat auch eine Zukunft. Dass die Jugend letztlich zu Soldaten erzogen werden sollte, die „begeistert“ für Deutschland in den Krieg ziehen, wurde erst später auf erschreckende Weise deutlich.

Offensichtlich kann man bei Bonhoeffer von einer charismatischen Persönlichkeit sprechen. Als Studentenseelsorger oder als Leiter des Konfirmandenunterrichts in einem Arbeiterviertel in Berlin Wedding begeisterte er die jungen Menschen. Gemeinsame Ferien und Studientage in Biesenthal bei Berlin und eigens gestaltete Predigtgottesdienste wurden für viele jungen Christen zu fixen Treffpunkten. Schon die persönliche Werbung vermochte eine große Teilnehmerzahl erwirken. 1932 rief er, fast beschwörend, seinen Zuhörern zu: „Wir müssen uns nicht wundern, wenn auch für unsere Kirche wieder Zeiten kommen werden, wo Märtyrerblut gefordert werden wird“ (Ökumene, S. 446). Seine Vorhersage wurde nur wenige Monate später grausame Realität.

Und 1933 schrieb er im Literaturverzeichnis für die Vorlesungen an der Universität Berlin und an der Hochschule für Politik einen Artikel, der sich an die jungen Studenten richtet, die sich an der Theologischen Fakultät immatrikuliert hatten. Er trägt den Titel: „Was soll der Student der Theologie heute tun?“. Darin plädiert er u.a. für eine ehrliche Selbstprüfung des Studenten, der sich für die Theologie entschieden hat: Ist es wirklich die Bereitschaft, „über Gott und sein Wort und seinen Willen nachzudenken“ mit der „Entschlossenheit zu nüchterner, ernster, verantwortlicher theologischer Arbeit“? (Berlin, S. 416). Verbunden mit Bescheidenheit und Demut soll sich der Theologe an den großen Meistern orientieren und seine Standfestigkeit mit klaren Positionen unter Be-

Kurztitel **Berlin** = DIETRICH BONHOEFFER, *Berlin 1932–1933* (= DBW 12), 1997.

weis stellen. Blickt man genau auf diese Zeilen, so wird man unschwer Bonhoeffer selbst darin entdecken.
Mit der Machtergreifung Hitlers am 30. Januar 1933 wurde Bonhoeffer zu einem der Hauptprotagonisten des Widerstands. Innerkirchlich war seine Haltung nicht unumstritten. So konnte der Referent im Kirchenbundamt für Auslands- und ökumenische Fragen durch die Zusammenarbeit mit den Machthabern seine Position behalten.
Nur zwei Tage nach der Machtergreifung hielt Bonhoeffer im Radio ein Ansprache über die Wandlungen des „Führerbegriffs". Aus dem Führer wird der Verführer, der selbst sich zum Gott erhebt – so könnte man seinen Kommentar zur Machtergreifung zusammenfassen. Ein unglaubliches Wagnis. Ein deutlicher Angriff auf den „Führer" Adolf Hitler. Bonhoeffer „diktierte" so die ersten Zeilen seines späteren Todesurteils: „Woher kommt diese eigentümliche Feuer, dieser Glanz und dieses Pathos, das der Begriff des Führers heute bei den Jungen in sich trägt? (...) Entspringt der Ruf nach dem Führer der Erkenntnis, dass die Macht der Dinge über den Menschen so groß und so vernichtend und so chaotisch geworden ist, dass allein die große Persönlichkeit hier wieder die rechte Ordnung und Einheit hineinzubringen vermöchte? Oder muss vielleicht immer dort vom Führer so geredet werden, wo man sich zwar der politischen Notwendigkeit der Preisgabe des Persönlichkeitsideals und des Einsatzes der Menschen als Masse, als Kollektive, bewusst ist, wo man aber nun all das, was man selbst hat aufgeben müssen, auf das Ideal des Führers überträgt und in ihm unendlich intensiviert wiederfindet? (...) Wieweit ist Führen und Geführtwerden gesund, echt, und wo wird es krankhaft, maßlos? (Berlin, S. 241 f.)
Der neue Reichskanzler erließ die „Verordnung zum Schutz von Volk und Staat" (28. Februar 1933), die ihm in den nachfolgenden Jahren die (pseudo-)rechtliche Grundlage für die Ver-

folgung und Ermordung der Juden, die Konzentrationslager, sämtliche Maßnahmen gegen die Kirchen, Inhaftierung und Hinrichtung von Priestern und Ordensleuten als die schlimmsten Konsequenzen der neuen Herrschaft bot sowie Eigentumsentzug, Kommunikationskontrolle usw. Die Macht war uneingeschränkt, brutal und betraf alle Lebensbereiche. Das „Gesetz zur Behebung der Not von Volk und Reich“ vom 23. März 1933, das sog. Ermächtigungsgesetz, als völlige Ausschaltung des Parlaments und der Verfassung und das „Gesetz zur Wiederherstellung des Berufsbeamtentums“ (der sog. Arierparagraph; vgl. Randnote S. 11) bedeuteten nichts anderes als den staatlich verordneten und legalisierten Antisemitismus und Rassismus. Deutschland versank in öffentlicher Rechtlosigkeit.
Im April 1933 hielt Bonhoeffer einen Vortrag mit dem kämpferischen Titel: „Die Kirche vor der Judenfrage“ (Berlin, S. 349–358). Die Zuhörer waren Pfarrer. Einige davon verließen unter Protest den Raum, als Bonhoeffer für die Rechte der Juden eintrat. Der Staat müsse mit seiner Gewalt für Recht und Ordnung eintreten. Diese Funktion sieht er aber im Umgang mit den Juden – mit Blick auf die offenkundige Diskriminierung der Juden durch den Arierparagraphen – nicht erfüllt. Vor allem dann, wenn „eine Gruppe von Menschen rechtlos wird“ oder wenn aus der bloßen „Tatsache, dass der Jude unabhängig von seiner Religionszugehörigkeit allein um seiner Rassenzugehörigkeit willen vom Staat unter Sonderrecht gestellt wird“, muss der Staat an seine Verantwortung als Recht-Schaffender erinnert werden. Es ging ihm um die fundamentalen Rechte des Menschen in einem deutschen Staat zu Beginn des 20. Jahrhunderts. Dieser Mahnung könnte auch die Folge eines aktiven Eingreifens bedeuten, wenn er dazu aufruft, „nicht nur die Opfer unter dem Rad zu verbinden, sondern dem Rad selbst in die Speichen zu fallen“ (Berlin, S. 353). Die mutige Aussage lautet:

„Der Staat, der die christliche Verkündigung gefährdet, verneint sich selbst. Das bedeutet eine dreifache Möglichkeit kirchlichen Handelns dem Staat gegenüber: erstens (…) die an den Staat gerichtete Frage nach dem legitim staatlichen Charakter seines Handelns, d. h. die Verantwortlichmachung des Staates. Zweitens der Dienst an den Opfern des Staatshandelns. Die Kirche ist den Opfern jeder Gesellschaftsordnung in unbedingter Weise verpflichtet, auch wenn sie nicht der christlichen Gemeinde zugehören. ‚Tut Gutes an jedermann'. In beiden Verhaltungsweisen dient die Kirche dem freien Staat in ihrer freien Weise, und in Zeiten der Rechtswandlung darf die Kirche sich diesen beiden Aufgaben keinesfalls entziehen. Die dritte Möglichkeit besteht darin, nicht nur die Opfer unter dem Rad zu verbinden, sondern dem Rad selbst in die Speichen zu fallen. Solches Handeln wäre unmittelbar politisches Handeln der Kirche und ist nur dann möglich und gefordert, wenn die Kirche den Staat in seiner Recht und Ordnung schaffenden Funktion versagen sieht, d. h. wenn sie den Staat hemmungslos ein Zuviel oder ein Zuwenig an Ordnung und Recht verwirklichen sieht".

Eine tiefe persönliche Enttäuschung erfuhr Bonhoeffer als die „Deutschen Christen" die Geschicke der evangelischen Kirche in Deutschland an sich zogen. Es kam zur Ernennung des Reichsbischof Ludwig Müller, den Bonhoeffer auf Kundgebungen bekämpfte. Er rief die

Die sog. **Deutschen Christen** wurden am 6. Juni 1932 vom Berliner Pfarrer Joachim Hossenfelder als „Glaubensbewegung" gegründet als eine rassistische, antisemitische und am Führerprinzip orientierte innerevangelische Kirchenpartei für das Gesamtgebiet des Deutschen Reiches.

Ludwig Müller (1883–1945), Mitbegründer der „Deutschen Christen" und deren Landesleiter in Ostpreußen. Er wurde von Adolf Hitler am 25.4.1933 zum Vertrauensmann und Bevollmächtigten für Fragen der evangelischen Kirche ernannt. Von September 1933 bis zum Entzug seiner Befugnisse durch den Reichskirchenausschuss 1935 war der Schirmherr der „Deutschen Christen" zugleich „Reichsbischof".

Pfarrer zum Beerdigungsstreik auf – jedoch ohne Erfolg. Zusammen mit Martin Niemöller, den er in Amerika bereits kennen gelernt hatte und der nunmehr im Mittelpunkt der innerkirchlichen Opposition stand. Eine solche politische Nähe der Kirchenleitung provozierte den Wunsch nach einer klaren Bekenntnisaussage. Welche Einstellung haben sie denn noch zur Kirche? Wie sehen sie den Auftrag zur Verkündigung des Wortes Gottes, wenn sie sich dem nationalsozialistischen Wahnsinn derart anbiedern?

Martin Niemöller (1892–1984), Begründete 1933 die Jungreformatorische Bewegung, die von den „Deutschen Christen" ein klares Bekenntnis forderten. Von 1938–1945 in KZ-Haft. 1945–1955 Mitglied des Rates der EKD und Leiter des Außenkirchenamtes. 1961–1968 war er einer der Präsidenten des Ökumenischen Rates der Kirchen.

Die „Deutschen Christen" übernahmen den Arierparagraphen für die eigene kirchliche Ordnung.„ Judenchristen" dürfen keine Ämter mehr übernehmen, sie dürfen zwar Christen bleiben, aber müssen ihre eigene Struktur schaffen. Hier wird deutlich, wie sehr eine Rassenideologie die universale Weite der christlichen Botschaft verdrängen kann. Denn nicht die ethnische Zugehörigkeit macht uns zu Mitgliedern der Kirche, sondern der an uns ergangene Ruf Jesu Christi. „Die Gliedschaft an der Gemeinde ist nicht eine Organisationsfrage, sondern gehört zum Wesen der Kirche" heißt es in einem Flugblatt vom August 1933, das sich ausführlich mit den von „Blut und Ehre" triefenden Thesen der „Deutschen Kirche" auseinandersetzt (Berlin, S. 410).

In ganz Deutschland wurden Bekenntnisse entworfen, die klares Zeugnis für den Glauben sein sollten. Sämtliche Bemühungen sozusagen bekenntnishaft auf die Entwicklungen in der Kirche zu reagieren sollten in Bethel zusammengefasst werden. Der Erlanger Professor Hermann Sasse und Dietrich Bonhoeffer wurden mit der Ausarbeitung eines Entwurfs beauftragt. Angestoßen wurde das „Betheler Bekenntnis" von der Jungreformatorischen Bewegung, die nach dem verheerenden Wahlsieg der „Deutschen Christen“, „die neue Leitung der Kirche und die für sie maßgebende Bewegung der „Deutschen Christen“ vor die Bekenntnisfrage zu stellen“ versuchten (Berlin, S. 503).

Hermann Sasse (1895–1976) lutherischer Theologe. Sein Schwerpunkt als Professor in Erlangen lag in der Luther-Rezeption im 19. Jahrhundert.

Die als „braune“ in die Geschichte eingegangene Generalsynode wollte den Arierparagraphen in der Kirche umsetzen. Deswegen beteiligte sich Bonhoeffer an der Gründung des von Martin Niemöller initiierten „Pfarrernotbundes“. Dieser sollte eine Art Schutzorganisation für die Pfarrer sein, die aus jüdischen Familien gekommen sind. Die wohl wegen Erfolglosigkeit sich langsam auflösende Jungreformatorische Bewegung wurde durch den Notbund als innerkirchliche Opposition abgelöst. Der Weg zu einer sich 1934 in Barmen formierenden „Bekennenden Kirche“ war eröffnet.

Die Anfänge der Bekennenden Kirche 1933

Der Theologischen Erklärung der Bekenntnissynode der Deutschen Evangelischen Kirche in Barmen (29.–31.5.1934), mit der die „Bekennende Kirche“ im Dritten Reich ihren Anfang nahm, ging eine intensive geistige und theologische Auseinandersetzung mit der Häresie der „Deutschen Christen“ voraus, die das Christentum der nationalsozialistischen Ideologie anpassen wollten. Schon vor 1933 hat Dietrich Bonhoeffer als glaubender Christ und als Theologe der Verführungsmacht der Massenideologie widerstanden. Indem er aus dem Ursprung des Christlichen denkt und handelt, deckt er den unüberbrückbaren Widerspruch von theologischer und ideologischer Weltsicht auf. Er kann in kritischer Selbstbesinnung eine neue Antwort wagen auf die Fragen nach dem Verhältnis von Kirche und Staat (Nation). Er begegnet dem Problem jeder reformatorischen

Tradition, wie sich das geistliche Wesen der Kirche und ihre empirische Gestalt und Ordnung und ihr Aufbau in ihren Diensten, Ämtern und Strukturen zueinander verhalten.
Die frühe Auseinandersetzung Bonhoeffers mit dem Nationalsozialismus, in der er schließlich sein Leben opfern musste, ist eine der geistigen Wurzeln der Bekennenden Kirche der evangelischen Christenheit in Deutschland.

„1933“ als Frage an die christliche Theologie

In der Chronik des 20. Jahrhunderts bezeichnet die Jahreszahl 1933 nicht lediglich einen Kreis realer Ereignisse. 1933 steht mehr noch symbolisch für die Abgründe, aus welchen die ungeheuerlichsten Verbrechen in der Geschichte der Menschheit aufgestiegen sind. Was die Auseinandersetzung um die nur zwölfjährige nationalsozialistische Ära auch nach einem halben Jahrhundert nicht zur Ruhe kommen lässt, ist weniger die Unfähigkeit, das Vergangene zu vergessen oder die Faszination des Bösen, das stets mit Aufmerksamkeit rechnen kann. Vielmehr bewegt und erregt uns die neue Qualität des Inhumanen, einer durch keine Tradition, kein Recht und keine Moral gehemmte Verachtung des Menschen. Sie geht als Produkt aus der das 20. Jahrhundert prägenden Erscheinung der „totalitären Ideologie“ hervor. Karl Dietrich Bracher interpretiert sie als Reflex der in einem Bündel von Bedingungen durch einen revolutionären Modernisierungsschub hervorgegangenen modernen Gesellschaft. Einige Stichworte signalisieren die Einbeziehung aller Dimensionen in diesen globalen Prozess: Technisierung und Industrialisierung aller Lebensbereiche, soziale Frage, Auflösung aller naturwüchsigen Bindungen, Massenkommunikation, Manipulation durch Propaganda, ein Gefühl restloser Diesseitigkeit, metaphysische Vereinsamung und Nihilismus.

Vgl. Karl Dietrich Bracher, *Zeit der Ideologien. Eine Geschichte politischen Denkens im 20. Jahrhundert*, 1982, S. 12–18.

Vgl. die bekannte Studie von Karl Jaspers, *Die geistige Situation der Zeit* (1931) (= Sammlung Göschen 3000), [5]1971.

Die totalitäre Ideologie erhebt nun den Anspruch, alle Widersprüche der modernen Gesellschaft in ihren Fortschritten und Rückschlägen durchschaut zu haben und alle Sehnsüchte nach einer heilen, die Unsicherheit beruhigenden Ordnung einlösen sowie das universale Sinnbedürfnis erlösen und befriedigen zu können.

Im Hinblick auf dieses erhabene Ziel gewinnt dann aber auch die rücksichtslose Beseitigung der Ursachen des gegenwärtigen Elends eine übergreifende Legitimität. Wo rational oder irrational die Schuld in einer Minderheit, Rasse und gesellschaftlichen Klasse personifiziert wird, glaubt sich die totalitäre Ideologie vor dem Forum der Menschheit oder dem Richterstuhl der Geschichte zu deren physischer und biologischer Auslöschung berechtigt und gesendet. In diesem Sinne bringt die Ideologie, wie Ernst Nolte nachgewiesen hat, eine nur ihr zuzuordnende Kategorie von Verbrechen hervor. Maßgebend sind primär nicht die klassischen Motive der Verbrechen an Völkern wie Machtgier, Hass, Brutalität. Allein biologische und soziologische Bestimmungen machen Menschen zum Gegenstand eines absoluten Vernichtungswillens, der seine Operationen als Exekution einer übergreifenden Dynamik der Geschichte wähnt.

Vgl. Ernst Nolte, *Marxismus und Industrielle Revolution*, 1983, S. 525 f.

Die Ungeheuerlichkeit der Verbrechen und die zynische Funktionalisierung der Moral im Hinblick auf die Ideologie lassen die Frage, wie dies möglich war und wie eine Wiederholung zu vermeiden ist, so lange nicht verstummen als die Bedingungen wirksam bleiben, durch die sich die Tendenzen der Gesellschaft zu einem neuen „1933“ zusammenballen können, d. h. zur Umsetzung einer totalitären Ideologie in schrankenlose politische Herrschaft als Raum ihres Vollzuges.

Das Christentum mit seiner Auffassung von Recht, Moral, Geschichte und Humanität konnte sich der erstmaligen Begegnung mit der totalitären Ideologie in Deutschland nur durch zwei Momente gewachsen zeigen, indem es durch die Arbeit der vom Glauben geführten Vernunft, d. h. theologisch, den totalitären Charakter der „Weltanschauung“ entlarvte und indem es in ethisch begründeter politischer Aktion der formalen Legalität des Staates widerstritt, der zum bloßen Instrument eines ideologischen Willens verkommen war.

Bonhoeffers Einordnung der Theologie am Vorabend des Dritten Reichs

In seiner Analyse des Christentums hat Bonhoeffer schon vor 1933 einige Defizienzerscheinungen in der Selbstinterpretation festgestellt, die sich im Konflikt mit dem totalen Staat als Selbstschwächung auswirken sollten.

Vgl. Dietrich Bonhoeffer Werke (= DBW), die Bände 2, 10, 12.

Die sogenannte Zwei-Reiche-Lehre

Nach Bonhoeffer ging es ursprünglich in Luthers Lehre von den zwei Regimenten, durch die Gott die Welt regiert, in einem andern Zusammenhang darum, dass Gott in der Kirche durch das Evangelium regiert und die Kirche dem Staat gegenüber die Freiheit des Glaubens und des Lebens nach dem Gebot Christi beansprucht. Den Staat respektierte die Kirche als Erhalter einer Ordnung gegen die Welt, die aufgrund der Auffassung von der durch die Ursünde total verderbten Natur als an sich gottlos und chaotisch galt. An der Ordnung der äußeren Dinge, auch der Organisation der Kirche, war nur soviel gelegen, als sie der Verkündigung des Wortes Gottes und dem Glauben diente.

Vgl. Ulrich Duchrow, Art. „Zwei-Reiche-Lehre“ in: *Ökumene-Lexikon. Kirchen – Religionen – Bewegungen*, hrsg. von Hanfried Krüger u.a., 1983, Sp. 1283–1285.

Diese Sicht hatte allerdings unter dem Eindruck der fortschreitenden Emanzipation vieler Lebensbereiche von der Kirche im 19. Jahrhundert eine charakteristische Umformung erfahren. Den eigengesetzlichen Bereichen der Naturwissenschaft, Technik, Kultur und Politik setzte man den Bereich der Innerlichkeit und der Seele entgegen, für den die Religion zuständig sei. Religion wurde so aber auch zur Privatsache. Ihre Diener konnten und wollten sich nicht in die Politik „einmischen". Bei Paul Althaus und Emmanuel Hirsch ging es gegenüber der modernen Welt nur noch darum, dass Staat und Sozialordnung der Kirche einen Raum für den Auftrag ihres Amtes belassen (vgl. Widerstand und Ergebung, S. 474 ff.). Dafür kann sich die Kirche mit jedem Staatsgebilde abfinden. Das Stichwort gegenüber der modernen Entwicklung und dem Machtanspruch des totalen Staates lautete nun Anpassung und Kompromiss statt Kritik und Eintreten für andere.

Die Theologie vor dem Ideal reiner Wissenschaft

Auch die Theologie definierte ihre Rolle, so wie Bonhoeffer sie sah, vorwiegend defensiv. Sie verstand sich im Dienst des religiösen Individuums und der Innerlichkeit. Gegenüber dem monistisch-empirischen Wissenschaftsideal legitimierte sie sich, indem sie sich die „Religion" unter den Aspekten der Psychologie und Historie als Gegenstand der Forschung zuweisen ließ. Theologie war möglich als reine Wissenschaft ohne Bindung an empirisch nicht verifizierbare Autoritäten der Offenbarung und an den Raum der Kirche. Sie war so zu einer metaphysischen oder ethischen Theorie geworden, die sich eventuell sekundär in politischen und soziologischen Fragen ein Prinzip der Konkretisierung suchte.

Bonhoeffers Einbindung von Theologie in die Kirche

Man hat sich oft darüber verwundert, dass Bonhoeffer, der 1933 gerade 27 Jahre alt war, den Nationalsozialismus von

Anfang an durchschaute und auch in den Zeiten der großen Erfolge gegen jede Verführung immun blieb. Dies ist um so erstaunlicher, als er nicht in der vorteilhaften Lage der Historiker war, die Anfänge und Ursachen im Licht der Folgen und Wirkungen betrachten zu können. Über familiäre Bindungen an jüdische Verwandte hinaus, aus denen sich von vornherein eine abwehrende Haltung zum „Hitlerismus“ entwickelte, scheint m. E. eine theologische Fundamentalentscheidung zum Glauben und eine Entscheidung des Glaubenden zur Theologie die Voraussetzung gewesen zu sein, dass er das (Un-) Wesen des Nationalsozialismus und seine prinzipielle Unvereinbarkeit mit dem Christentum klar durchschaute.

Eberhard Bethge konstatiert in der Entwicklung des jungen Bonhoeffer um 1930/31 eine „Wendung des Theologen zum Christen“ (vgl. Bethge, Theologe, S. 246–250). Diese Abkehr von einer rein akademischen Theologie gründet in der Einsicht, dass christliche Theologie eine Voraussetzung hat. Nicht im Akt reiner Reflexion vermag sich die menschliche Vernunft selbst in die Wahrheit zu stellen. Es ist ein Akt der personalen und nicht objektivierbaren Anerkenntnis des Wortes Gottes in seiner Offenbarung, das uns in die Wirklichkeit und Wahrheit hineinverfügt. Daher verlangt Offenbarung Glauben und konkreten Gehorsam, die sich nicht in Teilbereichen erschöpfen, sondern die ganze von Gott bestimmte Wirklichkeit umfassen (vgl. Akt und Sein, S. 72–74).

Das musste eine Neubestimmung des Zueinander und der gegenseitigen Begrenzung von Reich Gottes, Kirche und Staat nach sich ziehen. In seiner Vorlesung über „Das Wesen der Kirche“ spricht Bonhoeffer schon 1932 im Hinblick auf „unsere zukünftige Staatsentwicklung“ von einer Grenze des Gehorsams gegen den Staat, wo er das Wort bedroht. Aus christlicher Sicht versteht er den Staat weder als Theokratie noch als Instrument innerweltlicher Heilsentwürfe, sondern in seiner Dienst-

funktion an der relativen Gestaltung menschlichen Lebens. „Das Amt des Staates ist weder christlich noch gottlos, sondern es ist verantwortlich und sachlich“ (Ökumene, S. 302).
Die Theologie sieht er als Dienst an der Selbstverständigung des Glaubens. Sie ist keine wissenschaftliche Theorie über Lebenssinn und Moral, sondern „Erkenntnisprozess über das, was zuvor real in der Kirche geschehen ist“ (Ökumene, S. 253).
Bonhoeffer lässt mit dieser Bestimmung von Theologie die Dichotomie von Theorie und Praxis hinter sich. Theologische Aussagen bringen eine Wirklichkeit zum Ausdruck, wie sie im Licht der Offenbarung aufgeht, und sie vermitteln sie in die geistige und sozialethische Situation des Heute. In dem auf Gottes Wort und Wirklichkeit bezogenen Verstand und Willen ist Christentum ursprünglich schon immer eine Einheit von Glauben und Handeln.
Die Ausgangslage der Auseinandersetzung Bonhoeffers war glaubend und theologisch bestimmt und damit besser gegenüber dem Nationalsozialismus gerüstet. Der Christ bewahrte den Theologen vor reiner Theorie. Der Theologe vermittelte dem Christen Einsicht und Urteil, die zum Handeln befähigten in der Scheidung der Geister bei der Frage nach der Geltung des Arierparagraphen in der Kirche, beim Engagement für den geistlichen und organisatorischen Aufbau der Bekennenden Kirche und beim aktiven Widerstand gegen die Selbstzerstörung Deutschlands im Wahn des totalen Krieges.

Ideologiekritische Funktion der Theologie

Wir sind in der glücklichen Lage mit dem Radiovortrag Bonhoeffers „Der Führer und der einzelne in der jungen Generation“ (Berlin, S. 242–259) vom 1. Februar 1933 und der erweiterten Fassung vom März ein Dokument frühester Ideologiekritik zu besitzen (vgl. Berlin, S. 240–242).

In einer geistes- und generationsgeschichtlichen Analyse legt er die Wurzeln frei, woraus der Führer-Mythos erwuchs. Die Generationen nach dem 1. Weltkrieg standen unter dem Eindruck des Krieges, der Revolution und der großen Staats- und Wirtschaftskrise. Dabei zerbrach die Illusion der geordneten Welt. Die Ideologie der bürgerlichen Kultur geriet ins Wanken. Der Mythos des liberalen Persönlichkeitskultes hatte seine Faszination verloren.

Über den einzelnen Menschen schienen die Übermacht der Technik und der Massengesellschaft zu triumphieren. Die Identität des einzelnen erfuhr sich in den Millionenheeren von Soldaten, Arbeitslosen und revolutionären Massen unterspült.

In der Atomisierung der Gesellschaft und der Isolierung des einzelnen mochte aber der Ruf nach Autorität, Bindung und Gemeinschaft entstehen, der in der Führeridee konkret wurde und über die Romantik der Jugendbewegung Züge politischer Messianität annahm. Im „Führer“ kompensierte das Individuum seine Bedeutungslosigkeit. Auf ihn übertrug es seine Verantwortung. „Führer“ und Masse gehören zusammen. Sie bedingen einander und bringen sich wechselseitig hervor.

Verbindet sich die Alleinverantwortung des Führers und das ihm blind folgende Kollektiv mit dem seit der Französischen Revolution immer neu aufgenommenen Ideal eines „Reiches Gottes auf Erden“ als irdisches Paradies, dann ist die totalitäre Ideologie fertig (vgl. Berlin, S. 259).

Wenn eine solche Konstellation auch vielleicht ein relatives historisches Recht hat, so zeigt Bonhoeffer, dass ein Führer die Selbstentrechtung der einzelnen allenfalls im Hinblick daraufhin annehmen darf, dass er sie wieder zur Mündigkeit führt (vgl. Berlin, S. 259). Denn niemand kann prinzipiell und auf Dauer seine Verantwortlichkeit dem andern und den Ordnungen des Lebens gegenüber abtreten. Autorität des Führers muss sich zurückgebunden wissen an den Dienst an einem Amt, das nur vorletzte, niemals letzte Autorität beanspruchen kann.

DIETRICH BONHOEFFER entfaltet diesen Gedanken weiter in der *Ethik* (= DBW 6), 1998 (Kurztitel **Ethik**).

Nur vor einer letzten Autorität weiß sich der einzelne in seiner unverwechselbaren Individualität begründet. Es ist die Autorität Gottes, die das Einzelnersein in eine unübertragbare Verantwortung ruft. Unmittelbares Einzelsein erweist sich darin, dass jeder für sich allein sterben muss, dass jeder nur seinen Leib hat, dass jeder sein Leid und seine Schuld tragen muss. Ohne die Grenzen zwischen Ich und Du zu vermischen, entsteht aber in der Bindung an Gott zugleich echte Gemeinschaft, in der Freiheit und Verantwortung Grund der Bindung sind.

„Allein vor Gott wird der Mensch das, was er ist, frei und verantwortlich gebunden zugleich, er wird ein einzelner“ (Berlin, S. 259).

In unmittelbarem Bezug auf die Gegenwart spricht Bonhoeffer von der „furchtbaren Gefahr“, über dem Führergeschrei die Unverfügbarkeit der Person vor Gott zu vergessen. Bonhoeffer prophezeite eine Konsequenz, die im Rausch der Begeisterung nicht von vielen gehört wurde, dass „jeder, der sich hier am Menschen vergreift, ewige Gesetze verletzt, übermenschliche Verantwortung auf sich lädt, die ihn zuletzt erdrückt“ (Berlin, S. 259).

Das ewige Gesetz des Einzelnerseins wird einen Führer, der sich vergottet, am Ende zerbrechen.

Und nun legt er seine Position gegenüber dem totalen Staat fest, indem er sich die Option kirchlichen und politischen Widerstandes offenhält. „Nur der Führer, der selbst im Dienst der vorletzten und letzten Autorität steht, kann Treue finden“ (Berlin, S. 260). Die Gelegenheit, der Selbstvergötterung und dem Götzendienst entgegenzutreten, ließ nicht lange auf sich warten (vgl. die Predigt vom 26. 2. 1933 in: Berlin, S. 447–454). Im

Kampf um den Arierparagraphen ging es zunächst auf dem eigenen Gebiet der Kirche um die Frage, ob Gott oder die Gesetze der Ideologie in ihr das letzte Wort haben.

Zum geschichtlichen Hintergrund vgl. Bethge, Theologe, S. 318–378.

Theologie als Schutz der Kirche vor einer Ideologisierung

Kirche hat im Totalitarismus der Ideologie die Wahl zwischen Widerstand und „Gleichschaltung“ (Vgl. Berlin, S. 400). Dabei wird etwa das Kreuz zu einem Symbol für die Formel „Gemeinnutz geht vor Eigennutz“ und Jesus verkörpert pervertiert nur das Aufbrechen des nordischen Menschentypus mitten in einer dekadenten Welt.

Vgl. dazu die Verwerfungsformeln in der Erstform des „Betheler Bekenntnisses“, bei dessen Formulierung Bonhoeffer maßgeblich beteiligt war (Berlin, S. 381 f.).

Unter der Bedingung, dass die Kirche die getauften Juden aus der Kirche und aus dem geistlichen Amt entferne, also mit der Übernahme des sog. Arierparagraphen (vgl. Randnote S. 11) in den kirchlichen Bereich, glaubten die „Deutschen Christen“, Millionen von SA-Männern und Volksgenossen, die dem Evangelium entfremdet waren, wieder für die Kirche gewinnen zu können. Um der nationalen Einheitskirche willen dürfe man der Ideologie das Zugeständnis des Hinauswurfs von ein paar hundert Menschen jüdischer Abstammung machen (Berlin, S. 404–406).

Der Punkt, an dem sich für Bonhoeffer die Weichenstellung ereignen musste, war, wie er in seinem Aufsatz „Die Kirche vor der Judenfrage“ (15. 4. 1933) feststellte, „die in der Geschichte einzigartige Tatsache, dass der Jude unabhängig von seiner Religionszugehörigkeit allein um seiner Rassenzugehörigkeit willen vom Staat unter Sonderrecht gestellt wird“ (Berlin, S. 350). Daraus ergeben sich zwei verschiedene Probleme:

1. Wie definiert die Kirche ihre Stellung zu den getauften Juden?
2. Welche Folgen ergeben sich für ihr Verhältnis zu diesem Staat?

Bonhoeffer argumentiert jedoch nicht von einem allgemeinen Standpunkt der Humanität, den er nicht gering achtet, sondern als Theologe, indem er zu beiden Fragen „einen rechten Kirchenbegriff“ (Berlin, S. 350) ins Feld führt.
Dem Gemisch von Ideen, Ressentiments und taktischem Kalkül der „Deutschen Christen“ hält Bonhoeffer entgegen, dass man Glied der Kirche wird und bleibt allein durch die Taufe. Bedingungen zur Taufe vermag nicht die Biologie, sondern nur die Theologie zu definieren.
Der *Logos* (das Wort) Gottes allein spricht den Menschen an und macht ihn zur Person (vgl. Berlin, S. 356).

Die Theologie weist darum alle aus einer angeblich unversehrten Schöpfung kommenden *Nomoi* (Gesetzlichkeiten) zurück, die gegenüber der Universalität der Erlösung aller Menschen in Jesus Christus ein eigenes absolutes Recht beanspruchen: Volk, Nation, Rasse oder die sozialdarwinistische Idee vom Kampf als dem Grundgesetz der ursprünglichen Schöpfung (vgl. Berlin, S. 371–379). Die Einheit, welche die Taufe schafft, hebt die Unterschiede zwischen den Rassen, gesellschaftlichen Gruppen und den natürlichen Begabungen nicht auf. Aber sie werden relativiert, weil das Wort Gottes in Taufe und Abendmahl eine Gemeinschaft zwischen Menschen schafft, die alle endlichen Gegensätze aus ihrer Letztverankerung reißt und in die Einheit der Menschheit in Jesus Christus hineinerlöst (vgl. Ökumene, S. 279 f.). Dies gibt der Kirche eine herrliche Respektlosigkeit vor allen Götzen und goldenen Kälbern, die sich die Menschen erschaffen, um vor ihnen auf die Knie zu gehen. „Vor den Heiligtümern der Welt hat sie keinen Respekt mehr. (…) Sie hat ihren

Ort nicht allein bei den Armen, sondern auch bei den Reichen, nicht nur bei den Frommen, sondern auch bei den Gottlosen“ (Ökumene, S. 299).

In keiner Richtung lässt sich die Kirche mit ihrer Bestimmung und ihrem Einfluss als Faktor des gesellschaftlichen Machtkampfes instrumentalisieren. Kirche kann immer nur Instrument in der Hand Gottes bleiben, der sie durch sein Wort in Christus begründet und in seinen Auftrag gestellt hat. Indem Bonhoeffer das Wesen der Kirche theologisch bestimmt hat, vermag er alle Forderungen auf ein Mitspracherecht der Biologie abzuweisen. Nicht die Stimme des Blutes, die metaphysischen Tiefen des Volksgeistes, religiöse Erlebnisse und romantisches Gemeinschaftsfühlen schaffen und beleben die Kirche, sondern allein Gottes Wort und Sendung.

In Christus aber ist die Kirche Volk Gottes aus allen Völkern, in dem die trennende Scheidewand zwischen Juden und Griechen (Heiden) niedergerissen wurde. Wenigstens seit dem Apostelkonzil hat sich die Erkenntnis durchgesetzt, dass es außer Wort, Glaube, Taufe und Bekenntnis keine anderen Gesetze der Kirchengliedschaft mehr gibt (vgl. Berlin, S. 401 ff.).

Gerade mit ihrem Gerede vom „Judenchristentum“ in der „Deutschen Kirche“ entlarvten die „Deutschen Christen“ ihren ekklesiologischen Unverstand. Denn biblisch gesprochen bezeichnet das Wort von den „Judenchristen“ nicht Christen jüdischer Rasse. Es gab auch eine gestufte Zugehörigkeit zum religiösen Judentum in den Proselyten und Gottesfürchtigen ohne ethnische Zugehörigkeit zum jüdischen Volk. Judenchristen waren solche Christen, die das alttestamentarische Gesetz beobachteten oder es zum Teil sogar zu einer heilsrelevanten Vorbedingung für den Empfang der Taufe machen wollten. Wenn die „Deutschen Christen“ aber ein biologisches Faktum zur Bedingung der Kirchengliedschaft machen, errichten sie ein neues Gesetz und verwandeln sich selbst in „Judenchristen“. Der Juden-Ausschluß aus der korporativen, empirischen Kirche, die die Kirche Christi ist (!), bedeutet häretische Leugnung der Kirche und schismatische Trennung von ihr (vgl. Berlin, S. 401 ff.). Gegenüber der deutsch-christlichen Häresie tritt der *status confessionis* ein. In dieser Stunde wurde die Solidarität mit den Juden zum Kriterium wahrer Kirche und zum konkreten Ort der Bewährung, wohin Gott den Christen heute und hier gestellt hat.

Der theologisch legitime und notwendige Weg der Bekennenden Kirche war in Reichweite gekommen. Bonhoeffer konnte so den umstrittenen Satz formulieren: „Wer sich wissentlich von der Bekennenden Kirche in Deutschland trennt, trennt sich vom Heil“ (Theologenausbildung, S. 676), und nach der sog. Reichskristallnacht sagen: „Nur wer für die Juden schreit, darf auch gregorianisch singen“ (zit. bei Bethge, Theologe, S. 685). In einem Brief vom 20. August 1933 spricht er von „völlig neuen Wegen“, die die Kirche im Konflikt mit der völkisch-nationalen Kirche der deutsch-christlichen Häresie gehen muss.

Und eine weitere Konsequenz im Kampf zwischen dem Gott des *Logos* und dem Götzen *Bios* legte sich ihm nahe: „Die aus der Heidenwelt stammenden Christen müssen eher sich selbst der Verfolgung aussetzen als die durch Wort und Sakrament gestiftete kirchliche Bruderschaft mit dem Judenchristen freiwillig oder gezwungen auch nur in einer einzigen Beziehung preiszugeben“ (Berlin, S. 405 f.).

Theologie als Motivation zur Aktion gegen totalitäre Herrschaft

Die innerkirchliche Frage nach dem Verhältnis zu den getauften Juden, die durch den ideologischen Totalanspruch des Machtstaates über die „Deutschen Christen“ in die Kirche hineingetragen worden war, machte vom theologischen Kirchenbegriff

her auch eine neue Verhältnisbestimmung von Kirche und Staat notwendig.
Von seinen reformatorischen Voraussetzungen her kennt Bonhoeffer kein unmittelbares politisches Mandat der Kirche. Träger der Politik und des geschichtlichen Handelns ist der Staat, weil die Kirche der geistliche Ort des Evangeliums ist. Das Amt der Gestaltung der weltlichen Ordnungen und das Gesetz der Bändigung der heillosen Desintegration der verdorbenen Natur des Menschen muss sich freilich auch Kritik und Kontrolle gefallen lassen. Unmittelbare politische Kritik am staatlichen Handeln, das der Humanität und der Gerechtigkeit nicht entspricht, überlässt die Kirche aber den gesellschaftlichen Gruppierungen (vgl. Berlin, S. 350 f.).
Dennoch sieht die Kirche in zweifacher Hinsicht das Wirken des Staates begrenzt. Und sie weiß sich bei der Überschreitung seiner Kompetenz zum Handeln gegen den Staat verpflichtet. Die eine Grenze erreicht der Staat durch ein Zuwenig an Ordnung und Recht, wenn eine Gruppe von Staatsbürgern rechtlos gemacht wird, auch bei zum Schein aufrechterhaltenen Minimalrechten. Die andere Grenze wäre erreicht, wenn der Staat durch das Verbot der Judenmission oder einen erzwungenen Ausschluss getaufter Juden und die gewaltsame Entfernung jüdischer Pfarrer aus dem geistlichen Amt in Wesen, Gestalt und Verkündigung der Kirche eingreift.
Die Kirche kann dreifach auf die Übergriffe des Staates reagieren. Sie fragt ihn nach der Legitimität seines Handelns und macht ihn für die Folgen verantwortlich. Sie dient den Opfern staatlicher Maßnahmen.
„Die dritte Möglichkeit besteht darin, nicht nur die Opfer unter dem Rad zu verbinden, sondern dem Rad selbst in die Speichen zu fallen“ (Berlin, S. 353).
Hieß es bei der Abwehr staatlich-ideologischer Eingriffe in Leben und Wesen der Kirche noch, sie müsse lieber leiden als sich

von ihren jüdischen Gliedern trennen, so definiert Bonhoeffer hier eine aktive Widerstandspflicht. Freilich geht es nicht um eine Negation des Staates, sondern darum, ihn von einem Tun zurückzuhalten, das seinem Amt widerspricht, und damit in der Form der kritischen Aktion um eine Bejahung der Aufgabe des Staates in der Welt.
In dieser Dialektik von Widerstand und Ergebung kündet sich die spätere berühmte Formel an: „Kirche ist nur Kirche, wenn sie für andere da ist" (Widerstand und Ergebung, S. 560).

Gerade in der Auseinandersetzung mit dem Staat in der Judenfrage trat ein Wesensmoment von Kirche wieder ins Bewusstsein, dass Kirche nicht in ein ideologisch geschlossenes Gesellschaftsganzes einzuschließen ist, in dem sie sich als eine Kulturfunktion moralische und pädagogische Aufgaben und die Befriedigung religiöser Bedürfnisse zuweisen lässt (vgl. Ökumene, S. 246).
In der Bedrohung aller darf sie nicht nur im Interesse ihrer Selbsterhaltung taktieren. Um wirklich Träger des versöhnenden und erlösenden Wortes Gottes in der Welt zu sein, wird sie das Wagnis auf sich nehmen, für andere einzutreten.
In der Rückschau schreibt Bonhoeffer zehn Jahre später: „Wir sind nicht Christus, aber wenn wir Christen sein wollen, so bedeutet das, dass wir an der Weite des Herzens Christi teil bekommen sollen in verantwortlicher Tat, die in Freiheit die Stunde ergreift und sich der Gefahr stellt, und in echtem Mitleiden, das nicht aus der Angst, sondern aus der befreienden und erlösenden Liebe Christi zu allen Leidenden quillt. Tatenloses Abwarten und stumpfes Zuschauen sind keine christlichen Haltungen. Den Christen rufen nicht erst die Erfahrungen am eigenen Leibe, sondern die Erfahrungen am Leibe der Brüder, um deretwillen Christus gelitten hat, zur Tat und zum Mitleiden" (Widerstand und Ergebung, S. 34).

Und dem Staat schreibt Bonhoeffer noch eine letzte Wahrheit ins Stammbuch. Der Theologe weiß um eine Unzerstörbarkeit Israels, um seinen *character indelebilis.* Da Gott die Erlösung der Welt mit der Berufung Israels begonnen hat, will er sie nach Röm 9–11 auch mit den Juden vollenden. Darum lässt er im Israel dem Fleische nach einen „heiligen Rest“ bestehen. Weder durch Emanzipation und Assimilation löst sich Israel in andere Völker hinein auf, noch vermag es schlechthin eine Nation wie andere zu werden, noch wird es – so sagt Bonhoeffer 1933 – durch „pharaonische Maßnahmen ausgerottet werden“ können (Berlin, S. 403).

Dieses Wort Bonhoeffers behält sein Recht – diesseits und jenseits von „Auschwitz“.

Bleibende Erkenntnisse der Theologie aus dem Kampf mit der totalitären Ideologie

In der Auseinandersetzung mit dem totalen System war Bonhoeffer zu einer Neubestimmung des Verhaltens der Kirche zur Politik im modernen Staat geführt worden. Dem totalen Anspruch des Staates stellt er politisches Handeln bis zur Konspiration entgegen. Doch im Gegenzug zur Ideologie wandelt er die Theologie nicht in eine Gegenideologie oder zu ihrem Instrument um.

Einem Verlangen, eine alle Erscheinungen des Lebens umfassende Deutung zu bieten und mit dem Evangelium der Liebe die harmonische Gesellschaft des irdischen Paradieses zu bauen, kann christliche Theologie, sofern sie sich selbst richtig begreift, nicht entsprechen (vgl. Berlin, S. 377, 407).

Das Reich Gottes bleibt eine eschatologische Möglichkeit, in der von Gott her alle Konflikte und Rätsel zur Lösung kommen. Die Lösung aller innerweltlichen Spannungen und geschichtlichen Gegensätze hält die Theologie im Endlichen nicht für möglich.

Der Kreis menschlichen Planens und Agierens bleibt nach zwei Seiten hin zum Letzten hin offen, wo der Mensch in personaler Verantwortung vor Gott steht in Gnade oder in Schuld. In seinem weltlichen Dasein ist der Mensch aber aufgerufen zur Übernahme von Verantwortung in der Gestaltung des Vorletzten. In Staat, Politik, Ökonomie und Kultur muß gehandelt werden nach dem Maßstab der Sachkenntnis in freier Verantwortung vor Gott gerade auch da, wo im unentflechtbaren Komplex der Wechselwirkung immanenter Ursachen nicht alle Wirkungen verantwortlicher Entscheidung vorauszuberechnen sind (vgl. Ethik, S. 256–288). Wo er so Schuld auf sich lädt, wird er sich an Gottes Vergebung wenden, statt in Skrupeln, das Falsche zu tun, sich von geschichtsmäßigem Handeln auszuschließen. In einer tiefsinnigen „Rechenschaft an der Wende zum Jahr 1943" (Widerstand und Ergebung, S. 17–40) blickt Bonhoeffer zurück auf zehn Jahre Kampf mit dem Totalitarismus, seinen Rechtsbrüchen, Übergriffen, Lügen und Verbrechen, aber auch auf das Versagen der Kirche und der Christen. Doch es ist kein Blick der alten Männer zurück im Zorn oder die unangreifbare Resignation der Weisheit, dass aller Wille zur Verbesserung der Welt doch vergeblich bleibe.

„Weder beleidigte Kritiker noch Opportunisten wollen und dürfen wir sein, sondern an der geschichtlichen Gestaltung – von Fall zu Fall und in jedem Augenblick, als Sieger oder als Unterlegene – Mitverantwortliche. Wer sich durch nichts, was geschieht, die Mitverantwortung für den Gang der Geschichte abnehmen lässt, weil er sie sich von Gott auferlegt weiß, der wird jenseits von unfruchtbarer Kritik und von ebenso unfruchtbarem Opportunismus ein fruchtbares Verhältnis zu den geschichtlichen Ereignissen finden" (Widerstand und Ergebung, S. 25).

In einem Zeitalter der Ideologien mögen sich vielleicht manche vom Christentum abwenden, weil es im Vergleich nicht eine geschlossene Lösung aller Widersprüche in der Geschichte anbietet und weil es nicht das handhabbare Prinzip des immer Richtigen im Handeln besitzt, sondern den Menschen in konkrete und persönliche Übernahme von Verantwortung ruft. Aber indem es die Geschichte offen hält, verweist es den Menschen in Erkennen und Handeln auf die Erlösung in Jesus Christus, aus dem und auf den hin der Christ in persönlicher Verantwortung handeln soll und kann. In ihm wird die Geschichte nicht nur erlöst und vollendet, sondern in ihm weiß der Christ auch, dass Gottes Walten in der Geschichte selbst Versagen und Schuld, ja sogar das Böse auch innerweltlich zum Guten wendet. Gott ist kein zeitloses Fatum. Er wartet und antwortet auf aufrichtige Gebete und verantwortliche Taten und daher „braucht er Menschen, die sich alle Dinge zum Besten dienen lassen“ (Widerstand und Ergebung, S. 30). Im letzten stellt so das Christentum dem ideologischen Gemenge von Theorien der Welterklärung und Handlungsanweisung mit Anspruch auf Totallösung den Glauben an den persönlichen Gott als Schöpfer, Lenker der Geschichte – *hominum confusione, Dei providentia* – und als Erlöser, d. h. als Partner des Menschen, entgegen. Dem resignierenden Gefühl der eigenen Bedeutungslosigkeit in der Massengesellschaft und der Übermacht der Technik bietet es keine Kollektiverlebnisse und charismatischen Führerautoritäten an. Personale Bedeutung des individuellen Menschen entsteht, wo die Person sich in einem Akt letzter Zusage vom Wort Gottes angesprochen weiß und Verantwortung für die Strukturen weltlichen Lebens übernimmt.

Die oft aufgeworfene Frage, ob „1933“ wiederkehren kann, kann niemand beantworten. Solange von den Ideologen noch eine verführerische Macht ausgeht, kann die Möglichkeit seiner Wiederkehr nicht ausgeschlossen werden. Wenn aber die geschichtliche Erfahrung eine theologische Bedeutung für das Verständnis des Christentums haben soll, wenn also die Kirchengeschichte wirklich *magistra vitae christianae* sein soll, dann mag der Theologe den Sinn seiner Frage nach der geschichtlichen Erfahrung des Christentums in Deutschland mit der totalitären Ideologie nach einem Wort von Jacob Burckhardt in den „Weltgeschichtlichen Betrachtungen" gewiß so begründen: „Wir wollen durch Erfahrung nicht sowohl klug (für ein andermal) als weise (für immer) werden."

Jacob Burckhardt, *Weltgeschichtliche Betrachtungen. Historisch-Kritische Gesamtausgabe.* Mit einer Einleitung und textkritischem Anhang von R. Stadelmann, Pfullingen o. J., S. 31.

Und etwas theologischer können wir mit Dietrich Bonhoeffer sagen: „Aber wie Vergessenkönnen wohl eine Gnade ist, so gehört doch das Gedächtnis, das Wiederholen empfangener Lehren, zum verantwortlichen Leben" (Widerstand und Ergebung, S. 19).

Auf dem Weg zum Entstehen der „Bekennenden Kirche" 1934 in Barmen steht das bereits erwähnte „Betheler Bekenntnis." Die Fassung, an der Bonhoeffer mitgearbeitet hatte, wurde im August 1933 noch einmal überarbeitet. Dass Bonhoeffer sich von der gemeinsamen Bekenntnisschrift distanzierte, lag insbesondere an der Veränderung der Passage über das kirchliche Eintreten für die Juden gegenüber den Staat und seinen Arierparagraphen, den er als „Irrlehre von der Kirche" bezeichnet, die ihre eigene Substanz zerstört (Berlin, S. 412). Enttäuscht von der Relativierung der Bekenntnisschrift, die ja ein klares Signal an die Machthaber sein sollte, ging Bonhoeffer nach London und wurde Auslandspfarrer der Deutschen Evangelischen Gemeinde in Sydenham und der Deutschen Reformierten Gemeinde St. Paul im East End. Zwei Pfarreien, die unterschiedlicher nicht sein konnten. War die eine von reichen emigrierten Kaufleuten gegründet, bestand St. Paul aus Familien von Handwerkern aus Deutschland. Es waren für Bonhoeffer zwei unruhige Jahre.

Zuhause war die innerkirchliche Spannung immer deutlicher zu sehen und die politische Situation stand kurz vor der Eskalation. Angetrieben von dem Wunsch, drängende Fragen der Ökumene in Angriff zu nehmen (so in einem Brief an Karl Barth – bei Bethge (vgl. Bethge, Bonhoeffer, S. 50) und sich deutlich von der Deutschen Kirche zu trennen waren die Jahre in London dennoch nicht sehr erfolgreich. Folgenreich war die Bekanntschaft mit dem anglikanischen Bischof von Chichester, George Kennedy Allen Bell, der als engagierter Ökumeniker galt und berühmt war für seine sozialen Aktivitäten. Er und Bonhoeffer wurden zu Verbündeten im Kirchenkampf.

George Kennedy Allen Bell (1883–1958) Bischof der Church of England. Führender Vertreter der Ökumene und aktiver Unterstützer des deutschen Widerstands. Mit seiner Hilfe konnte Bonhoeffer die englische Regierung über die Situation in Deutschland unterrichten.

Opposition aus der Ferne

Die Ereignisse in Deutschland waren für viele Auslandskirchen Anlass, offen gegen die „Deutsche Kirche" aufzutreten und die Absetzung des „Reichsbischofs" Ludwig Müller zu fordern. Mit dem Außenblick waren die Gefahren und Konsequenzen leichter zu durchschauen. In seinem Jahresrückbericht für 1934/35 der Gemeinden von Sydenham-London findet Bonhoeffer eine klare Sprache: „Das vergangene Jahr stand für uns unter dem besonderen Zeichen der Vorgänge in unserer Heimatkirche. Sie war der Schauplatz eines beispiellosen Kampfes zwischen Mächten der Irrlehre, der Verkehrung des reinen Evangeliums von Jesus Christus als unserem alleinigen Herrn, der brutalen Gewaltanwendung gegen Pfarrer und Bischöfe der Kirche Christi und die Schar derer, die keine anderen Waffen hatten und haben wollten als das Bekenntnis zu Christus als dem Herrn aller Herren. Aus Not und Glauben wuchs die Schar der bekennenden Pfarrer und Gemeinden zusammen zur Bekennenden Kirche, die aller Drohung zum Trotz ihr eignes Kirchenregiment aufstellte und dem wider-christlichen Kirchenregiment unter dem gegenwärtigen Reichsbischof den Gehorsam aufkündigte. (…) Geschlossen haben die Londoner mit der Mehrzahl der übrigen deutschen Gemeinden in England sich auf den Boden der Bekennenden Kirche gestellt" (London, S. 307 f.).

Kurztitel **London** = Dietrich Bonhoeffer, *London 1933–1935* (= DBW 13), 1994.

Der Kampf, den Bonhoeffer mit seinen Gefährten gegen die „Deutsche Kirche" führte, spitzte sich bis 1934 derart zu, dass es zur Gründung einer „Bekennenden Kirche" kam. Auf der Gründungssynode in Wuppertal-Barmen (29.–31. Mai 1934) wurde die „Theologische Erklärung zur gegenwärtigen Lage der Deutschen Evangelischen Kirche", die von Karl Barth, Hans Assmussen und Thomas Breit verfasst wurde, von allen 138 Teilnehmern angenommen. Die nur sechs Sätze umfassende Erklärung wurde der greifbare Widerstand gegen eine evangelische Kirche, die sich zu sehr mit den Machthabern arrangierte. In sechs Thesen, die jeweils aus einem Bibelwort, einem Bekenntnis- und Verwerfungssatz zusammengestellt sind, wird die grundlegende Position der sich formierenden Bekennenden Kirche definiert. Der Tenor richtet sich gegen den massiven Einbruch staatlicher Bevormundung in der Kirche: Kirche ist nicht Organ des Staates, sie wird nicht bestimmt durch weltanschauliche und politischen Überzeugungen. Vielmehr ist Jesus Christus die einzige Mitte ihrer Verkündigung und der alleinige Fluchtpunkt all ihres Handelns. Barmen wendet sich so gegen das bereits von Bonhoeffer kritisierte Führerprinzip und lenkt den Blick auf die wesentliche Bestimmung der Kirche: Jesus Christus zu verkünden.

Hans Assmussen (1898–1968) war als lutherischer Pastor an der Altoner St. Trinitatis-Kirche einer der Mitautoren des sogenannten „Altoner Bekenntnis". Es gilt als Vorbote der „Barmer Erklärung".

Die „Theologische Erklärung zur gegenwärtigen Lage der Deutschen Evangelischen Kirche" gehört sicherlich zu den bedeutendsten Texten des deutschen Protestantismus im 20. Jahrhundert und diente maßgebend für den Neuanfang nach 1945 für evangelische Kirchenverfassungen als Identifikationsgröße und Bekenntnisgrundlage.

Dazu: *Die Barmer Theologische Erklärung. Einführung und Dokumentation,* hrsg. v. Martin Heimbucher u. Rudolf Weth, [7]2009.

Fanö – Ökumene als Hoffnungszeichen

In diesen dunklen Zeiten für die reformatorische Tradition in Deutschland war sich Bonhoeffer sicher, dass es auch in der Ökumene zu bedeutsamen Ausführungen kommen müsse, um nicht restlos vom Strudel des Nationalsozialismus in den Untergang gezogen zu werden. Sein Aufgabenfeld bei der ökumenischen Konferenz 1934 in Fanö war deshalb zunächst davon bestimmt, dafür zu sorgen, dass nur Mitglieder der Bekennenden Kirche teilnehmen. Jede andere Konstellation würde den Bruch in den Mittelpunkt stellen und die notwendige ökumenische Arbeit gefährden. Auch wenn es zu keinem offiziellen Ausscheren aus der Reichskirche kam, erlebte Bonhoeffer die Distanz zu den politischen und kirchlichen Wirren jener Jahre offenkundig. Mit einer flammenden Rede vor den Delegierten der ökumenischen Tagung aus aller Welt bekräftigte er den Friedensauftrag der Kirche bereits fünf Jahre vor Kriegsbeginn. Das laute Rasseln der Säbel und der Donner der Kanonen war in den Reden und im martialischen Auftreten der zukünftigen Diktatur des 1000jährigen Reiches schon deutlich zu vernehmen. „Wer ruft zum Frieden, dass die Welt es hört, zu hören gezwungen ist? (…) Die Stunde eilt – die Welt erstarrt in Waffen (…) die Kriegsfanfare kann morgen geblasen werden – worauf warten wir noch? Wollen wir selbst mitschuldig werden wie nie zuvor?“ (London, S. 301) – diese Worte waren die Antwort – oder besser: ein verzweifeltes Beschwören des Friedens. Für Bonhoeffer war dies gefährlich. Die Reichskirche wird seit Barmen genau prüfen, was Bonhoeffer sagt und die politischen Machthaber werden einen Pazifisten argwöhnisch beobachten, der sich dem kriegstreiberischen Wahn entgegenstemmt.

Finkenwalde – Zeit der Ruhe

1935 wird Bonhoeffer Studiendirektor des Predigerseminars der Bekennenden Kirche in Finkenwalde, das nach seiner polizeilichen Schließung 1937 bis März 1940 als Sammelvikariat bei Köslin und Schlawe weiterbesteht. Der Tagesablauf ist orientiert an den Gebetszeiten und dem Rhythmus anglikanischer Klöster sowie vom angegliederten „Bruderhaus“ mit seinem „Bruderschaftsleben". Lose Kommunität, geregelte Gebetszeiten, gemeinsam veranlagte Finanzen, Arbeitsteilung im Haus und Lehrveranstaltungen waren das festgefügte Konzept. Mit dieser Form der Ausbildung setzte Bonhoeffer ungewöhnliche Akzente, die ihm sogleich den Vorwurf der „Verklösterlichung" einbrachten. Statt Gebet und Betrachtung sollten Predigt und Katechese im Vordergrund stehen. Aber die technische Schulung allein, so Bonhoeffer, kann nicht Gegenstand einer Vorbereitung auf Vermittlung des Wortes Gottes an die Menschen sein. Erwächst nicht gerade die Authentizität der Verkündigung aus der persönlichen Spiritualität? Diese Frage stellt bereits Bonhoeffer selbst seinen Kritikern. Dahinter stand ein neuer Gedanke für das Pfarrerleben. Innerlich gestärkt in der und durch die Gemeinschaft werden die Pfarrer zu glaubwürdigen und starken Zeugen der Botschaft Jesu. Der Bonhoeffer tief durchdringende Gedanke der „Nachfolge" wird hier zum ersten Mal greifbar und findet in *Gemeinsames Leben* und unmittelbar unter dem Titel *Nachfolge* seinen literarischen Niederschlag.

DIETRICH BONHOEFFER, *Gemeinsames Leben. Das Gebetbuch der Bibel* (= DBW 5), [3]2008 (Kurztitel **Gemeinsames Leben**).

DIETRICH BONHOEFFER, *Nachfolge* (= DBW 4), 1989 (Kurztitel **Nachfolge**).

Mit seiner Menschen gewinnenden Art lenkte er das Haus und die Studierenden konsequent in die Richtung der kämpfenden, Widerstand leistenden Kirche – das Haus wurde zu einem geistlichen Zentrum in Pommern, in dem Bonhoeffer wieder Zeit und die nötige Ruhe für seine eigene theologische Arbeit fand. Sicherlich litt er in dieser Zeit schwer unter den Kompromissen, die mit dem Staat getroffen wurden, unter seinem Lehrverbot und unter der politischen Situation im Allgemeinen.

Von der Kirche zur „Bewegung“

Bonhoeffers Engagement in der Predigerausbildung und seine Verbindung mit dem Bruderhaus war aber zugleich eine Abwehrstrategie gegen die Versuchung, sich doch der reichskirchlichen Struktur, wenn auch auf Umwegen, anzupassen. Mit dem Reichskirchenminister Hans Kerrl wurde der Bekennenden Kirche durch die Bestätigung als „Bewegung“ ein rechtlicher Status eingeräumt, nicht ohne von ihr die „Blut und Ehre“ -Doktrin abzuverlangen. Dagegen sich auszusprechen, hatten viele Scheu. Ungehorsam gegen die staatliche Autorität war in den 30er Jahren ein gefährliches Unterfangen. Mit dem Zugeständnis staatlich anerkannt zu sein, verlor die Bekennende Kirche ihre Rolle als sowohl kirchliche als auch politische Opposition. Die Bekennende Kirche verlor ihre Mitglieder. Für Bonhoeffer war dies eine schmerzliche Erfahrung, die er in einem Vortrag über das Thema „Kirchengemeinschaft“ fast beschwörend so umschrieb: „Die Grenzen der Kirche sind die Grenzen des Heils. Wer sich wissentlich von der Bekennenden Kirche in Deutschland trennt, trennt sich vom Heil. Das ist die Erkenntnis, die sich der wahren Kirche von jeher aufdrängt. Das ist ihr demütiges Bekenntnis. Wer die Frage nach der Bekenntniskirche von der Frage nach dem Seelenheil trennt, begreift nicht, dass der Kampf der Bekennenden Kirche der Kampf um sein Seelenheil ist“ (Theologenausbildung, S. 676–677).

Als er 1936 von einer Reise nach Dänemark und Schweden, die er zusammen mit dem Seminar angetreten ist, zurückkam, wurde ihm die Lehrbefugnis an der Universität entzogen. Einzig die Aufgabe des Finkenwalder Seminars konnte ihm den Verlust seiner Lehrtätigkeit ersparen. Bonhoeffer ließ sich nicht irritieren. Und so folgte 1937 die Schließung des Seminars, 1938 das Aufenthaltsverbot für die Ausbilder der Bekennenden Kirche in der Hauptstadt Berlin.

Die Jahre in der illegalen Theologenausbildung in den Sammelvikariaten im Zeitraum von Ende November 1937 – bis Mitte März 1940 werden wieder lebendig in den Übungen, Vorträgen, Aufsätzen, Predigten und Meditationen, die er in der knappen Zeit schriftlich verfasst hat und die im Band 15 der Dietrich-Bonhoeffer-Werke herausgegeben wurden. Einzelne sogenannte Bibelkundliche Lehrveranstaltungen, die sich mit neutestamentlichen Grundbegriffen auseinandersetzen, wie z. B. „Sünde", „Vergebung", „Freude" und „Friede" zeigen Bonhoeffers intensive Beschäftigung mit der Heiligen Schrift, und in den Meditationen wird ein feinsinniger Denker vorgestellt, der seine Zuhörer in den Bann ziehen kann (Theologenausbildung).

Am 28. September 1937 wurde Finkenwalde durch die Geheime Staatspolizei auf Berufung auf den „Himmler-Erlass" geschlossen. Heinrich Himmler, Reichsführer-SS und Chef der Polizei, hatte verfügt, „auf Grund des § 1 der Verordnung des Reichspräsidenten zum Schutze von Volk und Staat vom 28. Februar 1933 werden die von den Organen der sogenannten Bekennenden Kirche errichteten Ersatzhochschulen, Arbeitsgemeinschaften und die Lehr-, Studenten- und Prüfungsämter aufgelöst und sämtliche von ihnen veranstalteten theologischen Kurse und Freizeiten verboten." Reinhard Heydrich, Leiter der Geheimen Staatspolizei, meldete dem Kirchenministerium Vollzug am 30. November, dass „das unter der Leitung des Studiendirektors D. Bonhoeffer stehende Predigerseminar in Finkenwalde geschlossen" wurde. Mit der Schließung aller Einrichtungen wollte man der Bekennenden Kirche ihre Zukunft nehmen und sich aller oppositionellen Kräfte entledigen.

Widerstand und Konspiration

Bereits 1938 wusste Bonhoeffer von geplanten Staatsstreichplänen gegen das Hitlerregime. Um dem Wehrdienst zu entkommen, ermöglichte ihm der Bruderrat Reisen nach England und die USA im Dienste der Ökumene. Bonhoeffer spürte, dass seine Abwesenheit eher mit einer Flucht zu vergleichen ist, die ihn von seinen eigentlichen Aufgaben abhält. Er spricht von der Rückkehr zu den „Schützengräben des Kirchenkampfes" (= orig. „Trenches – I mean of the Church-struggle") in einer schrecklichen politischen Situation (= orig. „The political situation is so terrible"), in der sich Deutschland befindet.
Während Hitler 1939 mit dem Einmarsch in Böhmen und Mähren sein wahres Gesicht und damit seinen erklärten Willen zum Krieg signalisierte, konnte Bonhoeffer in die Vereinigten Staaten von Amerika reisen. Ziel waren offiziell ökumenische Gespräche. Doch wenige Tage nach seinem Eintreffen auf der anderen Seite des Atlantiks kamen Bonhoeffer Zweifel über seine Abwesenheit von seiner Heimat, deren Situation in den nächsten Wochen und Monaten immer dramatischer wurde. Offen wurde gegen die jüdischen Mitbürger gehetzt, am 9. November 1939 werden schon die Synagogen während der sogenannten „Reichskristallnacht" zerstört, eine menschenverachtende Kennung der Juden wurde eingeführt und schließlich nimmt das Grauen des 20. Jahrhunderts am 1. September in Form des Zweiten Weltkriegs seinen Anfang. Sensibilisiert für diese Entwicklungen schrieb Bonhoeffer an Reinhold Niebuhr im Juni 1939: „Ich bin zu dem Schluss gekommen, dass ich einen Fehler gemacht habe, indem ich nach Amerika kam. Ich muss diese schwierige Periode unserer nationalen Geschichte mit den Christen Deutschlands durchleben. Ich werde kein Recht haben, an der Wiederherstellung des christlichen Lebens nach dem Kriege in Deutschland mitzuwirken, wenn ich nicht

die Prüfungen dieser Zeit mit meinem Volke teile" (Theologenausbildung, S. 210).
Dieses Verantwortungsgefühl zeichnet Bonhoeffer aus. Er ist von der Notwendigkeit des Aufbegehrens, des Sich-Wehrens und der Entlarvung durchdrungen. Der Weg in den Wiederstand ist aus der Perspektive eine logische Konsequenz.
Nach seiner Rückkehr wurde auch das Sigurdsdorfer Vikariat von der Gestapo geschlossen. Er knüpfte über seinen Schwager, Hans von Dohnanyi, erste Kontakte mit einer Widerstandsgruppe, die Hitler noch vor seinen Eroberungs- und Vernichtungsambitionen in Richtung Westen stoppen wollte. Mit seinen weltweiten ökumenischen Beziehungen wäre er ein wichtiger Informant mit weitreichenden Informationsquellen, um mit den Alliierten Kontakt aufzunehmen.
Es gelingt ihm sogar als Mitarbeiter im Amt Ausland/Abwehr unter Admiral Canaris als V-Mann eingestellt zu werden. Diese Tätigkeit führt ihn oftmals ins Ausland – etwa in die Schweiz, nach Norwegen, Schweden und Italien. Ideal für Bonhoeffer, um seinen Freunden aus der ökumenischen Bewegung Fakten und Fragen des Widerstands in Deutschland zu überbringen und mögliche Aktionen mit den alliierten Truppen zu planen.
Bonhoeffer wollte die christliche Welt gegen die immer deutlicher werdende Kriegsvorbereitung mobilisieren. In Stockholm traf er mit seinem englischen Freund, George Bell, Bischof von Chichester zusammen, der ihm bereits in seinen Jahren bei den deutschen Gemeinden in London zu einem Verbündeten geworden war. Im Vorwort zur englischen Ausgabe der *Nachfolge*, die 1948 erschienen ist, gibt Bell eine Beschreibung

Wilhelm Canaris (1887–1945), deutscher Admiral und während des NS-Regimes Leiter des Amtes Ausland/Abwehr (Geheimdienst) im Oberkommando der Wehrmacht. Als Leiter des militärischen Nachrichtendienstes sammelte Canaris zahlreiche Widerstandskämpfer gegen die Nationalsozialisten um sich. Er wurde zusammen mit Bonhoeffer in Flossenbürg erhängt.

der Tätigkeit Bonhoeffers in seinen Jahren in England. Darin zeichnet er Bonhoeffer als einen starken Charakter, der nicht nur die Deutschen in England, sondern auch die Engländer über die Situation in der deutschen Heimat aufklärte: „Er war es, durch den ich in engster Freundschaft den wirklichen Charakter des Konfliktes erkennen lernte, mehr als durch irgendeinen anderen Deutschen. Ich hege keinen Zweifel, dass er in seiner deutschen Gemeinde eine gute Arbeit geleistet hat. Aber während seiner Zeit als Pastor in England hat er außer seine Landsleute auch viel andere belehrt. Er war glasklar in seinen Überzeugungen. So jung er war, so demütig blieb er. Er sah die Wahrheit und sprach sie aus, ohne einen Anflug von Furcht."

Rede- und Schreibverbot

Es wundert nicht, dass Bonhoeffer mit seinen Äußerungen gegen das Unrechtsregime ins Visier der Behörden gekommen ist. Wie oben gezeigt, war es Bonhoeffer, der von Anfang an auf das Unrecht und das Kriegspotential der Nationalsozialisten mit klaren – mutigen – Worten hinwies. Man kann sicherlich von einer ständigen Beobachtung seiner Aktivitäten ausgehen. Mit einem Redeverbot für das ganze „Reich" wurde er bereits am 22. August 1940 belegt. Begründung: volkszersetzende Tätigkeit. Ein Schreibverbot ließ nicht lange auf sich warten. Es folgte im März 1941 als Konsequenz einer Maßnahme Joseph Goebbels, der verfügte, dass nur die Autoren schreiben und publizieren durften, die in der „Reichsschrifttumskammer" gemeldet waren.

Die **Reichsschrifttumskammer** war der von Joseph Goebbels 1933 gegründeten „Reichskulturkammer" untergeordnet. Der Gründung vorausgegangen war die Bücherverbrennung am 10. Mai 1933. Mit ihr kündigte sich bereits an, wie das Deutsche Reich mit unliebsamen und kritischen Schriftstellern und deren Werken verfahren wollte.

Wie stark die Wirkung von Bonhoeffers Gedanken mittlerweile waren, wurde ihm selbst erst bewusst, als er ab November 1940 zu Gast in der Benediktinerabtei Ettal in Oberbayern in der Nähe von München war. Als Tischlesung wurde im Refektorium Texte aus *Gemeinsames Leben* vorgetragen. Wie kam er in ein Benediktinerkloster? Mit einer sogenannten „Unabkömmlichkeitserklärung“, die Dohnanyi ausstellte, entzog er Bonhoeffer dem polizeilichen Zugriff. Er stellte ihn als zivilen Abwehrmann ein, der auf die Dienststelle München verpflichtet wurde. Das verlieh ihm eine gewisse Sicherheit und die Möglichkeit ohne Verdacht zu erregen Reisen zu unternehmen. Kloster Ettal war für ihn ein Ort der Ruhe und des aktiven Widerstands. Dort arbeitete er gleichzeitig an der *Ethik* und wartete auf „Spionageaufträge“. Vielleicht ist es symptomatisch für Bonhoeffers Leben, dass er in seinem Werk stets das Verbindende, die Gemeinschaft der Kirche, das gemeinschaftliche Leben im Bruderhaus immer verknüpfen musste mit dem Verdeckten der Spionage, der Zerrissenheit seines Lebens ohne festen geographischen und familiären Ort. Die Bindung an seine Familie und seinen Freundeskreis jedoch war ihm stets Sicherheit und Geborgenheit zugleich, auch über große und in der damaligen Zeit nicht immer leicht zu überwindende Distanzen.

Die *Nachfolge* korrespondierte mit den Erfahrungen des Finkenwalder Bruderhauses und die *Ethik* verarbeitete letztlich die großen Fragen, die sich dem deutschen Widerstand stellten aus der Sicht christlicher Verantwortung. Bis hin zur Frage des Tyrannenmordes.

1942 bewegt er den Freiburger Widerstandskreis zur Abfassung der Denkschrift über „Politische Gemeinschaftsordnung“ nach Hitler. Getrieben von der „gemeinsame(n) Verantwortung für Deutschlands Schande, an der sie sich mitschuldig wussten, und für sein Weiterleben in der Familie der Völker“. Diese Motivation wird auch sprachlich umgesetzt, denn in der gleichen

Zeit verfasst er seine Gutachten und Entwürfe zur *Ethik*. Theologie, Glaube und Kirche sind für Bonhoeffer Bestandteile der menschlichen Wirklichkeit, sie sind Faktoren der Gestaltung der Welt. Ethisches Handeln wird in diesen dunklen Jahren zu einer grundsätzlichen Entscheidung, der sich niemand entziehen konnte und kann.

Verhaftung und Verlobung

Am 5. April 1943 wird Bonhoeffer verhaftet. Die aus dem Kreis um Admiral Canaris heraus organisierten Attentatsversuche (13. und 21. März 1943) blieben nicht ohne Folgen für den deutschen Widerstand. 1944 wurde Canaris als Chef der Abwehr abgesetzt und bereits am 5. April 1943 wurde Bonhoeffer verhaftet. Die Begründung lautete „Wehrkraftzersetzung". Die erste Station auf seinem Leidensweg durch die Gefängnisse des „Dritten Reiches" wurde das Untersuchungsgefängnis der Wehrmacht in Berlin/Tegel.

Dort beginnt zugleich der letzte Abschnitt seines Lebens, der von Berlin über Regensburg ins Konzentrationslager Flossenbürg führt. Von Berlin wurde er zunächst am 7. Februar 1945 ins Konzentrationslager Buchenwald verlegt. Im April befahl Hitler die Hinrichtung aller am 20. Juli mitbeteiligten „Verschwörer" an. Bonhoeffers Todesurteil! In diesem Scheinprozess vor einem SS-Gericht wurden auch Wilhelm Canaris, Hans Oster, Karl Sack und Ludwig Gehre zum Tode verurteilt.

„Das ist das Ende – für mich der Beginn des Lebens" ließ Bonhoeffer vor seinem Abtransport nach Flossenbürg an den Bischof von Chichester, George Bell, ausrichten. An seine Verlobte richtete er noch am Weihnachtsfest 1944 folgende Zeilen. Sie rühren angesichts seiner Situation in besonderer Weise an: „Dies werden ruhige Tage in unseren Elternhäusern werden. Aber ich habe die Erfahrung gemacht – und zwar immer wieder –, dass je stiller es um mich herum ist, ich um so klarer die Verbindung mit Dir spüre. Es ist als ob die Seele in der Einsamkeit Sinne entwickelt, die wir im täglichen Leben kaum kennen. Deshalb habe ich mich keinen Moment einsam oder verlassen gefühlt (…) Du musst nicht glauben, dass ich unglücklich wäre. Was ist Glück, was Unglück? Es hängt so wenig von den Umständen ab. Es hängt wirklich allein daran, was im Inneren einer Person

Erwähnung finden sollte auch der Philosoph und Physiker **Carl Friedrich von Weizsäcker** (1912–2007), den Bonhoeffer auch in diesen letzten Monaten gelesen hat: *Zum Weltbild der Physik*, 1943. Weizsäckers spätere Beiträge *(Der Garten der Menschlichkeit*, 1977 und *Die Seligpreisungen. Ein Glaubensgespräch mit Pinchas Lapide*, 1985) zeigen den Physiker, der als Philosoph Anthropologie, Naturwissenschaft und Geschichte verbinden wollte.

passiert. Ich bin für jeden Tag dankbar, den ich Dich habe, und das macht mich glücklich“ (Bethge, Bonhoeffer, S. 102)

Am 9. April 1945 wird er erhängt. Noch am Neujahrstag 1945 widmet er sein letztes Gedicht „Von guten Mächten“ seiner Mutter und seiner Braut:

„Von guten Mächten wunderbar geborgen
erwarten wir getrost, was kommen mag.
Gott ist bei uns am Abend und am Morgen,
und ganz gewiss an jedem neuen Tag.

Von guten Mächten treu und still umgeben
behütet und getröstet wunderbar, –
so will ich diese Tage mit euch leben
und mit euch gehen in ein neues Jahr;

noch will das alte unsre Herzen quälen,
noch drückt uns böser Tage schwere Last,
Ach Herr, gib unsern aufgeschreckten Seelen
das Heil, für das Du uns geschaffen hast.

Und reichst Du uns den schweren Kelch, den bittern,
des Leids, gefüllt bis an den höchsten Rand,
so nehmen wir ihn dankbar ohne Zittern
aus Deiner guten und geliebten Hand.

Doch willst Du uns noch einmal Freude schenken
an dieser Welt und ihrer Sonne Glanz,

dann woll'n wir des Vergangenen gedenken,
und dann gehört Dir unser Leben ganz.

Laß warm und hell die Kerzen heute flammen,
die Du in unsre Dunkelheit gebracht,
führ, wenn es sein kann, wieder uns zusammen!
Wir wissen es, Dein Licht scheint in der Nacht.

Wenn sich die Stille nun tief um uns breitet,
so laß uns hören jenen vollen Klang
der Welt, die unsichtbar sich um uns weitet,
all Deiner Kinder hohen Lobgesang."

Die emotionale Lage Bonhoeffers erscheint unter dem Gesichtspunkt der Verlobung mit Maria von Wedemeyer tragisch. Nur wenige Monate vor seiner Verhaftung und Deportation nach Tegel fand auf Klein-Krössin in Hinterpommern die Verlobung im kleinsten Familienkreis statt. Viele erfuhren erst nach seiner Inhaftierung davon. In zahlreichen Briefen aus dem elterlichen Hause wird er über seine Verlobte informiert.
Das Gedicht „Von guten Mächten", als „Weihnachtsgruß für Dich (Maria von Wedemeyer) und die Eltern und Geschwister, sollte der Familie Trost spenden, deren Söhne und Schwiegersöhne im Gefängnis saßen oder, wie die Zwillingsschwester Sabine, ins Ausland geflohen war, weil sie mit einem jüdischen Mann verheiratet war. Welche Kraft musste Bonhoeffer haben, um aus der Haft, wissend um den nahen Tod, ein solches Gedicht zu schreiben? Bei den sogenannten Göttinger Predigten im Internet gibt es einen Text von Alexander Völker, der in seiner Interpretation des Gedichts auf die politisch gefährliche Aussage aufmerksam macht: „*Gib uns das Heil* – welches Bekenntnis gegenüber dem „deutschen Gruß", der doch *Heil* mit dem Namen eines Menschen verband und damit *Heil* von ihm erwartete!

In seinem Gedicht „Der Tod des Mose“ (Widerstand und Ergebung, S. 590–598; hier S. 598), der sich nach der Ankunft seines Volkes im verheißenen Land über die Gnade Gottes freut, finden sich ebenfalls biographische Anklänge, wenn es in den letzten vier Strophen heißt:

„Sinkend, Gott, in Deine Ewigkeiten
Seh’ mein Volk und ich in die Freiheit schreiten.

Der die Sünde straft und gern vergibt,
Gott, ich habe dieses Volk geliebt.

Dass ich seine Schmach und Lasten trug
Und sein Heil geschaut – das ist genug.

Halte, fasse mich! Mir sinkt der Stab,
treuer Gott, bereite mir mein Grab.“

Widerstand für die Zukunft

Seine Verlobung muss über das persönliche hinaus auch als eine Einschätzung der Zukunft gewertet werden. Es entspricht Bonhoeffers Denken, dass er nicht nur die Veränderung der gegenwärtigen Lage seiner Heimat Deutschland vor Augen hatte, sondern vor allem auch die Hoffnung auf eine gelingende Zukunft. Bonhoeffer war ein dynamischer Geist. Mit den ökumenischen Begegnungen zeigte er seine Offenheit für das Gespräch zwischen den Konfessionen, mit seiner pazifistischen Haltung bekräftigte er den grundlegenden Auftrag der Christen, sich für den Frieden einzusetzen und seine Rolle im aktiven Widerstand lehrt uns seine Haltung, dass Christsein sich nicht vor den Problemen der Welt verschließen soll. Glaube und Leben, Bekenntnis und Weltorientierung zeichnen Bonhoeffer

in allen Phasen seines nur kurzen Lebens aus. Dass er darin Zeit finden konnte für die familiären Bande und äußerst feinfühlig gegenüber seiner Verlobten – in einer Zeit des Krieges und des Terrors, der Inhaftierung und der quälenden Verhöre – ist ein Beweis tiefer Menschlichkeit, die sich nicht dem Zwang der „herrischen Rasse" untergeordnet hat. Dafür steht das Leben eines Mannes, der mit nur 39 Jahren ein unvergessenes Zeugnis seines Christseins abgelegt hat. Mit *seinem Leben* ist er eingestanden für die *Botschaft des Lebens.*
In einer wahrscheinlich 1934 in London gehaltenen Traueransprache, bei der er sich auf die Textstelle „Nun lässt du, Herr, deinen Knecht, wie du gesagt hast, in Frieden scheiden. Denn meine Augen haben das Heil gesehen" (Lk 2,29–30 bezog, findet Bonhoeffer tröstende Worte, die im Kontext seines eigenen Lebens und des darin erlittenen Leids auch auf ihn selbst angewendet werden können: „der Tod eines Christen bedeutet Frieden für Leib und Seele – und wir alle spüren es deutlich, es muss wundervoll sein, Frieden zu haben nach einem Leben voll Mühe und Sorgen. Kein menschliches Leben findet jemals wahren Frieden in dieser Welt; die andere Welt ist die Welt des Friedens; und wir sehnen uns nach der Zeit, zu der sich alle frommen Seelen wiederfinden werden in jener ruhevollen künftigen Welt" (London, S. 518).

II. DIE „WIEDER-GEBURT" DES CHRISTEN-TUMS IN EINER MODERNEN WELT

Zum Theologieverständnis Bonhoeffers

Für eine gewisse Systematisierung von Bonhoeffers Theologie ist es unerlässliche Voraussetzung sein eigenes Verständnis von christlicher und speziell evangelischer Theologie in den Blick zu nehmen. Im Anschluss daran kann es zur Interpretation und zum grundlegenden Verständnis seines Werkes kommen. Theologie hat Bonhoeffer in ihrer Dienstfunktion für die christliche Praxis bestimmt. In diesem Zusammenhang ist es auch notwendig, wenigstens einige Grundlinien anzudeuten, denn gerade im Spannungsfeld „Glaube-Theologie", „Tun-Denken" wird vielleicht das „Proprium Bonhoeffers" erkennbar. Im Unterschied zur „Philosophie", die voraussetzungslos die Wirklichkeit im Denken auf der Grundlage eines autonomen Daseinsverständnisses erfassen will und diese dabei doch nur in das denkende nicht-gegenständliche „Ich" hineinzuziehen sucht und so gerade nicht zur Wirklichkeit vorstößt, sondern nur zur Kategorie der Möglichkeit, der Idee, der Abstraktion, beruht alle Theologie auf der fundamentalen, spekulativ unableitbaren, praktisch unerzwinglichen Tatsache des Glaubens an die Offenbarung Gottes in Jesus Christus. Aufgrund des Sündenfalls ist dem Menschen ein Denken Gottes und des anderen Menschen als Realität nicht mehr möglich. Das Denken ist korrumpiert und muss daher Gott und Mensch selbstherrlich sich unterordnen. Nur durch die Tat Gottes kann dieses *cor curvum in se* aufgerissen und der Mensch in die Wirklichkeit hineingestellt werden. Das denkende Ich ist dann nicht mehr Mittelpunkt der Welt; es gilt vielmehr: „christliches Denken muss sich seiner besonderen Voraussetzung bewusst sein, d. h. der Voraussetzung der Realität Gottes, die vor und über allem Denken ist" (Akt und Sein 10).

Der transzendentale Ansatz betont die akthafte Bezogenheit des Denkens auf die Transzendenz, um jegliche Verfügung über sie auszuschalten, damit die souveräne Freiheit Gottes unangetastet bleibt. Dieser echt transzendentale Ansatz ist vom transzendentalistisch-idealistischen Ansatz, der das Sein in das Bewusstsein hineinzieht und sich damit zum Schöpfer der Wirklichkeit auch Gottes und des anderen Menschen macht, streng zu unterscheiden. Die absolute Freiheit Gottes kann souverän die Existenz des Menschen gleichsam von außen treffen, ohne in das Selbstverständnis des Menschen gegenständlich, d.h. verfügbar einzugehen. Damit ist die souveräne Freiheit Gottes und die Kontingenz der Offenbarung sichergestellt. Doch muss die Freiheit Gottes nicht so sehr formal auf seine Aseität bezogen werden, als vielmehr auf sein freies Sich-gebunden-Haben an den geschichtlichen Menschen (Bethge, Theologe, S. 104). „Gott ist da, d. h. nicht in ewiger Nichtgegenständlichkeit, sondern – mit aller Vorläufigkeit ausgedrückt – habbar, fassbar in seinem Wort in der Kirche" (Akt und Sein, S. 85). Das hiermit gestellte Problem der Kontinuität, die nicht in einem je und je die Existenz betreffenden Offenbarungsakt Gottes erfasst werden kann, erfordert eine Ergänzung der Auslegung der Offenbarung nur in Akt-Begriffen mit einer Auslegung auch in Seins-Begriffen. Außerdem ist dem Begriff Offenbarung nur Genüge getan, wenn Offenbarung auch offenbar und erkennbar wird. Dadurch wird Gott aber nicht zum bloßen Erkenntnisobjekt des Menschen degradiert, weil Gott auch das Erkenntnissubjekt von Offenbarung ist.

„Dieses Erkennen der Offenbarung aber heißt glauben, das Offenbarte heißt Christus, das Subjekt des Verstehens ist Gott als Heiliger Geist" (Akt und Sein, S. 86).

Es ist nun aber entscheidend zu erkennen, dass Offenbarung sich nicht auf den einzelnen Menschen, sondern konstitutiv auf die Kirche als Gemeinschaft bezieht. Die Kirche konstituiert sich in der gegenwärtigen „Verkündigung von Tod und Auferstehung Christi in der Gemeinde, durch die Gemeinde, für die Gemeinde" (Akt und Sein, S. 89), wobei Christus selbst das handelnde Subjekt von Verkündigung und Gemeinde darstellt. Gott offenbart sich nach dem evangelischem Kirchenbegriff in der Kirche als Person „Christus als Gemeinde existierend" (Akt und Sein, S. 91).

Das „von außen", das Unverfügbare an der Offenbarung, wird so in der Verkündigung der Gemeinde gewahrt, die Betroffenheit der Existenz ermöglicht. Aber indem in der personhaften Gemeinde das Evangelium verkündet und geglaubt wird, ist die Offenbarung in gewisser Weise festgehalten.

Was ergibt sich daraus für die Theologie als Wissenschaft? Einerseits ist das Offenbarungsgeschehen ein existentielles Angesprochen-Sein. Andererseits muss der Verkündiger den Inhalt „wissen", den er nur in Worten und Sätzen aus dem Gedächtnis an die ergangene Offenbarung weiterträgt:

„Theologie ist eine Funktion der Kirche; denn Kirche ist nicht ohne Predigt, Predigt nicht ohne Gedächtnis, Theologie aber ist das Gedächtnis der Kirche" (Akt und Sein, S. 128).

Das theologische Wissen ist positives Wissen. Es findet seinen Gegenstand im konkreten Inhalt der in der Memoria der Kirche bewahrten Verkündigung, wie sie sich konkret in der Heiligen Schrift, der Predigt, den Sakramenten, im Gebet und im Bekenntnis niederschlägt. Dieses positive Element, die Inanspruchnahme von objektiven Gegebenheiten beschreibt Bonhoeffer mit dem Axiom: „Am Anfang (der Theologie) steht darum ein Akt der Anerkenntnis“ (Ökumene, S. 200).

Bonhoeffers Verständnis von Theologie stellt, wenn wir das vorherige kurz zusammenfassen, das theoretische Bemühen in den Dienst kirchlicher Praxis. Verkündigung und glaubend-gehorsame Nachfolge Christi können als Eckpfeiler seiner Theologie gesehen werden, die sich in den sich anschließenden Einzelaspekten ebenso wiederfinden lassen, wie in der Beschreibung der Theologie als reflexives und deskriptives Nachzeichnen der vorgegebenen Glaubensinhalte.

„Jeder andere Ort außer der Bibel ist mir zu ungewiss geworden“

Die Heilige Schrift ist eine Konstante, die sein ganzes theologisches Werk durchzieht, der rote Faden seines wissenschaftlichen Werkes. Sie ist als geoffenbartes Wort Gottes Ausgangspunkt des Fragens nach Gott und dem Heil der Menschen. Gott allein gibt die letztgültigen Antworten auf unser Dasein, auf unser Woher? und Wohin?
In einem Brief an Rüdiger Schleicher von 1936 könnte man Bonhoeffers Koordinatensystem mit der Einordnung der Heiligen Schrift im Leben des Menschen und der Theologie erkennen.

Wo sind die ewig gültigen Wahrheiten?

Gibt es in einer Welt der Ungewissheiten, der Verrohung und der Verwirrung – wir schreiben das Jahr 1936 (!) – noch allseits greifbare Gewissheiten, die sich dem Menschen erschließen und von denen er eine Sicherheit der Erkenntnis gewinnen kann? „Wo bleiben die ewigen Wahrheiten?“ fragt Bonhoeffer, um deutlich zu machen, dass es um die Suche nach letztgültigen Antworten geht: „wie lebe ich in dieser wirklichen Welt ein christliches Leben, und wo sind die letzten Autoritäten eines solchen Lebens, das allein lohnt zu leben?“ (Theologenausbildung, S. 144). Einfach und einprägsam ist die Antwort, die er selbst im gleichen Brief gibt: „Ich will da zunächst ganz einfach bekennen: ich glaube, dass die Bibel allein die Antwort auf alle unsere Fragen ist, und dass wir nur anhaltend und etwas demütig zu fragen brauchen, um die Antwort von ihr zu bekommen. Die Bibel kann man nicht einfach lesen wie andere Bücher. Man muss bereit sein, sie wirklich zu fragen. Nur so erschließt sie sich. Nur wenn wir letzte Antwort von ihr erwarten, gibt sie sie uns. Das liegt eben daran, dass in der Bibel Gott zu uns redet.

Und über Gott kann man eben nicht so einfach von sich aus nachdenken, sondern man muss ihn fragen. Nur wenn wir ihn suchen, antwortet er“ (Theologenausbildung, S. 145).
Das hat sicherlich nichts mit einem naiven Biblizismus zu tun, sondern vielmehr mit der grundlegenden Erkenntnis, dass die Bibel keine rein historische Darstellung des Christusereignisses ist, sondern die in Sprache gefasste Mitteilung Gottes, die in der Gestalt seines Sohnes unüberbietbar und „ein für alle mal“ in die Welt gekommen ist.

Die Unmittelbarkeit der Schrift – Gott spricht mich an

Die Beschäftigung mit der Heiligen Schrift ist für Bonhoeffer aber kein reines theoretisches Unterfangen. Es geht um eine die ganze Lebenswirklichkeit des Menschen und seine Existenz betreffende Annahme der Worte der Schrift. Mit allen Kräften müssen wir fragen, „was Gott hier zu uns sagen will“ (Theologenausbildung, S. 146). Und der Weg dazu führt über das tägliche Lesen und Studieren der Heiligen Schrift: „Seit ich gelernt habe, die Bibel so zu lesen (...) wird sie mir täglich wunderbarer. Ich lese morgens und abends darin, oft auch noch über Tag, und jeden Tag nehme ich mir einen Text, den ich für die ganze Woche habe, vor und versuche mich ganz in ihn zu versenken, um ihn wirklich zu hören. Ich weiß, dass ich ohne das nicht mehr richtig leben könnte. Auch erst recht nicht mehr glauben“ (Theologenausbildung, S. 147).
Diese unmittelbare Verbindung zwischen Bibel und Leben muss das Ziel der Bibelarbeit sein. Ein neutrales Lesen und Erfahren der Worte der Heiligen Schrift, die für Bonhoeffer 1936 und vor allem in den folgenden Jahren zum einzigen Hort an Sicherheit und Glaubwürdigkeit, zum Trost und zur Gewissheit geworden sind, bleibt nur an der oberflächlichen Kenntnis der geschriebenen Worte stehen.

Die Bibel für jeden Tag

So wundert auch seine kritische Haltung zum Exklusivanspruch der historisch-kritischen Methode nicht: „Natürlich kann man die Bibel auch lesen wie jedes andere Buch, also unter dem Gesichtspunkt der Textkritik etc. Dagegen ist gar nichts zu sagen. Nur dass das nicht der Gebrauch ist, der das Wesen der Bibel erschließt, sondern nur ihre Oberfläche. Wie wir das Wort eines Menschen, den wir lieb haben, nicht erfassen, indem wir es zergliedern, sondern wie ein solches Wort einfach von uns hingenommen wird und wie es dann Tage lang in uns nachklingt, einfach als das Wort dieses Menschen, den wir lieben, und wie sich uns in diesem Wort dann immer mehr, je mehr wir es im ‚Herzen bewegen‘ wie Maria, derjenige erschließt, der es uns gesagt hat, so sollen wir mit dem Wort der Bibel umgehen. Nur wenn wir es einmal wagen, uns so auf die Bibel einzulassen, als redete hier wirklich der Gott zu uns, der uns liebt und uns mit unsern Fragen nicht allein lassen will, werden wir an der Bibel froh“ (Theologenausbildung, S. 145). Das Verständnis der Heiligen Schrift bei Bonhoeffer führt aber zugleich zu der Frage „Wer glaubt denn das noch?“ (Ökumene, S. 33). Auch wenn wir die Botschaft der Evangelien in uns wirken lassen, uns die Frage stellen, was Gott von uns will und wir den sicheren Ort in einer politisch und die Existenz bedrohenden Zeit in der Schrift gefunden haben, wer glaubt an die Menschwerdung des Sohnes Gott, seine Wundertaten und an die Auferstehung von den Toten, ist das denn überhaupt einer „mündig gewordenen Welt“ noch zu vermitteln?

Eine mündiggewordene Welt ohne Gott?

Am 30. April 1944 schreibt Bonhoeffer an seinen Freund Eberhard Bethge einen Brief, in dem er eine völlig religionslose Zeit vorhersieht, in der ein Zugang zum Menschen mit theologischen und frommen Worten nicht mehr möglich ist. Innerlichkeit, Gewissen, metaphysische Reflexion, Kirche, Liturgie und Gemeinde haben ihren Status verloren und gelten der Welt als nicht mehr vermittelbar. Ähnliches klingt an anderer Stelle an, wenn er von der „Inanspruchnahme der mündig gewordenen Welt durch Jesus Christus" spricht oder noch knapper formuliert: „Die Frage heißt: Christus und die mündig gewordene Welt" (8. Juni 1944, Widerstand und Ergebung, S. 479).

Den Spannungsbogen bilden die beiden Begriffe: mündig gewordene Welt und religionsloses Christentum. Ernst Feil hat 1971 gezeigt, dass sich Bonhoeffer hier von Wilhelm Dilthey leiten lässt, die in der Entwicklung der Welt zur eigenen Mündigkeit und Diesseitigkeit immer ein Hinausdrängen der Religion und ihres Gegenstandes „Gott" sowie der Gottesbegegnung als Arbeitshypothese für offene Fragen der Welterklärung ausmachen konnten. Mit einer historischen „Vergewisserung" wird der Weg in die Mündigkeit nachgezeichnet: „Die etwa im 13. Jahrhundert (...) beginnende Bewegung in der Richtung auf die menschliche Autonomie (ich verstehe darunter die Entdeckung der Gesetze, nach denen die Welt in Wissenschaft, Gesellschafts- und Staatsleben, Kunst, Ethik, Religion lebt und mit sich selbst fertig wird) ist in unserer Zeit zu einer gewissen Vollständigkeit gekommen" (Widerstand und Ergebung,

Wilhelm Dilthey (1833–1911), Philosoph. Seine Lehrtätigkeit führte ihn nach Basel, Kiel, Breslau und Berlin. Sein zentrales Thema war die Entwicklung einer Philosophie des Lebens, die Religion, Dichtung, Metaphysik als Einheit im geschichtlichen Ablauf des Lebens erkennen wollte. Dazu: Ernst Feil, *Die Theologie Dietrich Bonhoeffers. Hermeneutik, Christologie, Weltverständnis*, 1971.

S. 476). Gott wurde aus allen Lebensbereichen verdrängt und am Ziel angekommen, bleibt der Mensch übrig, der gelernt hat, „in allen wichtigen Fragen mit sich selbst fertig zu werden ohne Zuhilfenahme der Arbeitshypothese: Gott". Das betrifft die wissenschaftlichen – denken wir an die erstarkten Naturwissenschaften seit dem 19. Jahrhundert –, die künstlerischen – spätestens seit der Renaissance rücken antike oder säkulare Themen in den Mittelpunkt – und die ethischen Themenfelder, deren Bestreben u. a. darin besteht, den Menschen in die Mündigkeit zu entlassen, weil sich zeigt, „dass alles auch ohne ‚Gott' geht und zwar ebenso gut wie vorher" (Widerstand und Ergebung, S. 477).
Für Bonhoeffer sind diese Entwicklungen keinesfalls Boten eines neuen positiv besetzten Äons. Vielmehr stellen sie eine Herausforderung für das Christentum und den Glauben dar. So gilt es, den Glauben im neu entstandenen Koordinatensystem eines mündigen Menschen in einer auf Mündigkeit hin sich ausstreckenden Welt zu vermitteln. Welche Antworten hat Bonhoeffer formuliert, um aufzuzeigen, dass Mündigkeit, Freiheit, ein Leben als ob es Gott nicht gäbe, im Widerspruch zum Bekenntnis und zum Glauben an den christlichen Gott steht?

„Wo behält nun Gott noch Raum?"

Scheinbar resigniert gesteht sich Bonhoeffer ein, dass man im Nachgang zur Mündigkeit ein kleines Hinterzimmer für Gott einrichten muss, um noch präsent zu sein in einer Welt, die ihn vertrieben hat. Reagieren könne man mit apologetischem Eifer: wenigstens die letzten Bastionen der Ungewissheit Tod, Ewiges Leben, Lebens- und Sinnfragen, Leid, Schuld usw. müssen als Monopol für die Theologie erhalten bleiben. Gott führt als eine Art „Deus ex machina" alle Probleme und Konflikte einer Lösung zu. Oder man entlarvt die Mündigkeit als Selbstfixierung des Menschen, dem erst eingeredet wird, dass er in einer verzweifelten Lage ist, um wenigstens an heimlichen und schwachen Stellen dem Menschen Gott als unentbehrlich zu suggerieren. Dies sei auch manchen Versuchen der Pastoral ans Herz gelegt: „Die Verdrängung Gottes aus der Welt, aus der Öffentlichkeit der menschlichen Existenz, führte zu dem Versuch, ihn wenigstens in dem Bereich des ‚Persönlichen‘, ‚Innerlichen‘, ‚Privaten‘ noch festzuhalten. Und da jeder Mensch irgendwo noch eine Sphäre des Privaten hat, hielt man ihn an dieser Stelle für am leichtesten angreifbar. Die Kammerdienergeheimnisse – um es grob zu sagen – d. h. also der Bereich des Intimen (vom Gebet bis zur Sexualität) – wurden das Jagdgebiet der modernen Seelsorger“ (Widerstand und Ergebung, S. 509). Beide Antworten, die naive Apologetik der letzten ungelösten Fragen sowie die reine Innerlichkeit als offengelegte Verzweiflung am Leben, können wohl kaum schlüssig sein. Bonhoeffers Modell sieht das religionslose Christentum für den mündiggewordenen Menschen in einer mündiggewordenen Welt vor.

Religionsloses Christentum? Vom Lückenbüßer zum ohnmächtigen Gott

„Wir gehen einer völlig religionslosen Zeit entgegen; die Menschen können einfach, so wie sie nun einmal sind, nicht mehr religiös sein“ (Widerstand und Ergebung, S. 403). Um einen solchen Satz einordnen zu können, bedürfen wir einer Erklärung was denn eigentlich Religion ist? Kann es den christlichen Glauben religionslos geben? Ist das Christentum denn keine Religion? Bonhoeffer reagiert auf die Zweifel seiner Zeit mit der These, dass die Religion etwas ist, das den Menschen vorgegeben ist. Ernst Feil hat die drei Dimensionen herausgearbeitet, die für Bonhoeffers Religionsbegriff stehen: Es gibt eine Vorstellung von Gott, der außerhalb der Welt steht (Metaphysik);

es gibt den Menschen, der in seinem Inneren von der Sorge um sein Heil erfüllt ist und schließlich ist die Religion nur einem bestimmten Bereich der menschlichen Wirklichkeit und des geschichtlichen Handelns zugeordnet. Metaphysik, Subjektivität und Partialität stehen als Eckpfeiler der Religion, die das Christentum wie ein Gewand umhüllen. Religion ist nur ein Ausschnitt, dem Individualismus zugeordnet und konkreter geschichtlicher Ausgestaltung unterworfen. Zieht man heutige Vokabeln heran, könnte man von einem post-metaphysischen, post-individualistischen und post-abendländischen Christentum sprechen, das sein Wesen in einer mündiggewordenen Moderne suchen und ins Gespräch bringen muss. Anders ausgedrückt: wir haben das Gewand des Überirdischen, des Individuellen und der Westlichkeit abgelegt, um Gott als den zu zeigen, der „mitten in unserem Leben jenseitig ist".
Aus dem „Lückenbüßer unserer unvollkommenen Erkenntnis", aus der „Arbeitshypothese", die alle ungeklärten Fragen der Menschheit beantworten kann, wird der schwache, ohnmächtige Gott, der in Leid und Kreuz mitten in der Geschichte gegenwärtig ist. Jenseitig und doch an unserer Seite.

Im Kreuz ist Heil und Leben

Auf die Verwundungen des Glaubens durch sein Hinausdrängen aus der Lebenswirklichkeit des Menschen antwortet Bonhoeffer mit der Theologia crucis. Die innerweltlich-geschichtliche Ohnmacht Gottes am Kreuz Christi wird zur Entsprechung zur Mündigkeit und Autonomie des Menschen. Gott ist nicht metaphysisch der Welt enthoben, sondern offenbart sich in der Hilflosigkeit des Kreuzes, mitten hinein in die Weltlichkeit und beruft zum Leben und zur Nachfolge und Teilhabe am Leiden Gottes in der Geschichte. Religionsloses Christentum ist die Suche nach dem Gott, der nicht jenseits unserer Erkenntnisgrenzen zu finden ist, sondern mitten im Leben erkannt werden kann und will.

Vom religionslosen Christentum führt ein direkter Weg zur Christologie, zum Kirchenverständnis und zur Ethik. Denn auch und gerade ein Christentum ohne religiöses Apriori ist durch das Eintreten Gottes in die Geschichte eine Begegnung mit der Welt, mit den Menschen – eben: jenseitig und doch an unserer Seite.

Wer ist Christus für uns heute?

Das Zentrum der Theologie Bonhoeffers ist sicherlich die Christusanschauung. Es ist keine durchstrukturierte Christologie nach den Vorstellungen des systematisch-dogmatischen Traktats Christologie, sondern eher der Versuch, die menschliche Enge zu überwinden und die Welt unter die Herrschaft Christi zu stellen. Christologie bedeutet Nachfolge. Eintreten in das Nachdenken über Jesus Christus und konkret sein eigenes Leben in den Dienst Jesu Christi zu stellen. So fragte er 1933 in einer seiner Vorlesungen „Wer ist Christus?" – Christologie war keine kühle, rein rationale Schau eines Objekts, sondern der Versuch einer persönlichen Begegnung mit Christus – „Wer bist Du, Christus?"

Und 1944, bereits in Tegel inhaftiert, fragt er „Wer ist Christus für uns heute" – gemeint sind die Christen, die auf der einen Seite in der Erbfolge der gesamten christlichen Tradition stehen und die zugleich die nicht leichte Erblast der Aufklärung auf ihren Schultern tragen. Hier konsequent Christus zu begegnen, benötigt den Mut zu einer direkten Konfrontation mit der Person des Erlösers („Wer ist Christus") und eine existentielle Überantwortung an diesen Christus in der Nachfolge unseres Lebens. Nicht zufällig lautet der Titel des von Bonhoeffer am längsten geplanten Buches: *Nachfolge* (1937).

„Wenn die Heilige Schrift von der Nachfolge Jesu spricht, so verkündigt sie damit die Befreiung des Menschen von allen Menschensatzungen, von allem, was drückt, was belastet, was Sorge und Gewissensqual macht. In der Nachfolge kommen die Menschen aus dem harten Joch ihrer eigenen Gesetze unter das sanfte Joch Jesu Christi" (Nachfolge, S. 23).

Wir müssen berücksichtigen, dass diese Worte als eine Attacke und ein erstes deutliches Zurückweisen der nationalsozialistischen Machtansprüche zu gelten hat. Dieses Joch der Menschen für die Menschen in Deutschland in der damaligen Zeit war schwer und zerstörerisch, für Millionen von Menschen grausam und tödlich.

Bonhoeffers spezifisch theologisches Denken besteht zu einem großen Teil auf der Aussage: „Was mich unablässig bewegt, ist die Frage, was das Christentum oder auch wer Christus heute für uns eigentlich ist?“ Damit rückt die Christologie in den Mittelpunkt und der Versuch einer grundlegend neuen Beziehung des Menschen zu Jesus Christus. Und so grenzt das Christentum, wie oben beschrieben, von Religion ab und verweist auf die biblischen Aussagen von der Ohnmacht Gottes und dem Leiden Gottes, der allein nur helfen kann. Im Kreuzestod Christi kommt der Mensch zur Erkenntnis, dass sich Gott eigenständig aus der Welt verdrängen ließ. Der einst mächtige Gott – wie ihn die Religion zu erzählen weiß – ist dem leidenden Christus gewichen. Dieser hat in der Hingabe seines Lebens für uns Menschen den Abstand zwischen Gott und den Menschen aufgehoben und sich so als der erwiesen, der als leidender und ohnmächtiger Christus dem Menschen beisteht in seinen Nöten. Nicht „von oben herab“, sondern heruntergebeugt an der Seite der Menschen. Mit den Worten von Eberhard Jüngel könnte das so formuliert werden: „Sich-herausdrängen-Lassen, Abschied, Weggehen ist etwas anderes als Beziehungslosigkeit. Es kann vielmehr intensivste Beziehung bedeuten.“

EBERHARD JÜNGEL, *Gott als Geheimnis der Welt: zur Begründung der Theologie des Gekreuzigten im Streit zwischen Theismus und Atheismus*, 61992, S. 80.

Der ferne Gott und der nahe Christus

Je weiter Bonhoeffer den Gott der Religion in die Ferne rückt, desto näher rückt der leidende Christus an die Seite des Menschen. Dabei wird die Blickrichtung umgedreht. Während ein „religiöses“ Gott- und Weltverständnis in einem „metaphysischen“ Objektivismus Gott als der Weltlichkeit entrückt gegenüberstehende Wirklichkeit betrachtet, die um des Heiles Willen der Mensch erreichen muss, ist das Ziel erst dann erreicht, wenn wir die Welt in den Blick nehmen: „Nicht um das Jenseits, sondern um diese Welt, wie sie geschaffen, erhalten, in Gesetze gefasst, versöhnt und erneuert wird, geht es doch. Was über diese Welt hinaus ist, will im Evangelium für dies Welt dasein; ich meine das nicht im anthropozentrischen Sinne der liberalen, mystischen, pietistischen, ethischen Theologie, sondern in dem biblischen Sinne der Schöpfung und der Inkarnation, Kreuzigung und Auferstehung Jesu Christi“ (Widerstand und Ergebung, S. 415).

Jesus Christus – Offenbarung „ein für alle mal“

„Dass die Wirklichkeit Gottes nicht selbst wieder eine Idee ist, entnimmt der christliche Glaube aus der Tatsache, dass diese Wirklichkeit Gottes sich selbst bezeugt und offenbart hat mitten in der wirklichen Welt. In Jesus Christus ist die Wirklichkeit Gottes in die Wirklichkeit dieser Welt eingegangen. Der Ort, an dem die Frage nach der Wirklichkeit Gottes wie die nach der Wirklichkeit der Welt zugleich Beantwortung erfährt, ist allein bezeichnet durch den Namen: Jesus Christus. In diesem Namen ist Gott und die Welt beschlossen. In ihm hat alles seinen Bestand (Kol 1, 16). Von nun an kann weder von Gott noch von der Welt recht geredet werden, ohne von Jesus Christus zu reden. Alle Wirklichkeitsbegriffe, die von ihm absehen, sind Abstraktionen. Alles Denken über das Gute, in dem das Gesollte gegen das Seiende oder das Seiende gegen das Gesollte ausgespielt wird, ist dort überwunden, wo das Gute Wirklichkeit geworden ist, in Jesus Christus“ (Ethik, S. 91). An dieser Schlüsselstelle für Bonhoeffers Welt- und Gottesverständnis lassen sich zwei Konstruktionspunkte seiner Theologie erkennen:

1. Die *Universalität des Christusgeschehens,* das alle Wirklichkeit sowohl umgreift als auch strukturiert. Jede Aufteilung der Wirklichkeit in Räume und Zuständigkeiten und jeder Versuch, die Menschen in Konflikte unterschiedlicher oder gar gegensätzlicher Wertordnungen und Zwänge zu führen, ist durch das universale Geschehen der Offenbarung überwunden. Mit Jesus von Nazareth ist keine religiös oder spirituell besonders motivierte Persönlichkeit in die Welt gekommen, deren Ziel die Veränderung politischer und sozialer Situationen gewesen ist. Christus ist der Mittler des Heils, das allein von Gott geschenkt werden kann. Das zu betonen ist Bonhoeffers Ansatz. Auch wenn die mündig gewordene Welt vielleicht gott-loser ist, wird dadurch der ohnmächtige Mittler näher an die Welt herangerückt. Die Gott-Ferne wird so zur Chance, die Gegenwart Christi intensiver zu bezeugen.

2. Wenn die zentrale und unhinterfragbare Bedeutung der Mittlerschaft Christi für das Gottes- und Weltverständnis zum Ausdruck wird, dann wird auch erkannt, dann kann die Bestimmung des Menschen nur aus dem Bezug zu Gott erklärt werden. Gibt sich Gott in Jesus Christus als der Dreieinige zu erkennen, weil mit der Hingabe am Kreuz sich die Liebe Gottes offenbart und weil er den Menschen und die Schöpfung zur Eigentlichkeit führt, kann es dann noch andere Motive der Selbstsuche und Eigenreflexion geben? Kann es Wesentlicheres geben, als den Versuch, sich Gott anzunähern, der ohnehin schon im Leiden sich uns zur Seite gestellt hat?

Schöpfung, Versöhnung und Erlösung – Wer ist Jesus von Nazareth?

Mit dem ersten Buch der Bibel, dem Buch Genesis, beginnt die Geschichte Gottes mit den Menschen. Die Schöpfung ist die erste große Offenbarung des Herrn über Leben und Tod. ER ist der Schöpfer des Himmels und der Erde. Für seine Schöpfung ist er auch der Menschgewordene, der Gekreuzigte, der Auferstandene. Deutlich tritt hier das universale, das alles Sein und seine Vollzüge umfassende personale Beziehungsschema hervor. Für Bonhoeffer standen auch nicht die Antworten auf die Fragen „*wie* ist Christus zu verstehen?", „*wie* erklärt sich die Inkarnation und die Auferstehung?" – notwendige Fragen, welche die Diskussion des antiken Christentums beschäftigen mussten – im Mittelpunkt. In seiner Vorlesung zur Christologie von 1933 fällt der programmatische Satz: „Die ‚Wer-Frage' ist die religiöse Frage schlechthin." „Sie ist", so Bonhoeffer weiter, „die Frage nach dem anderen Menschen, dem anderen Sein, der anderen Autorität. Sie ist die Frage der Liebe zum Nächsten. Die Transzendenzfrage und die Existenzfrage ist die Frage nach dem Nächsten, sie ist Personfrage. Dass wir immer nach dem ‚Wie' fragen, ist unsere Fesselung an unsere eigenen Autorität." Zugleich hegt er Zweifel, ob der moderne Mensch überhaupt noch in der Lage ist, die Frage nach dem „Wer" zu stellen. Wenn die Suche nach dem „Wer" der Zugang zu Jesus Christus ist, kann dies nur dort erfolgen, wo Gott zuerst zu den Menschen gesprochen hat. Die Erkenntnis eines personalen Gottes, den wir in einem interpersonalen Geschehen mit dem vertrauten „Du" ansprechen dürfen, geschieht erst dort, wo Gott selbst die Initiative ergriffen hat. Die Communio zwischen Gott und den Menschen wird ermöglicht, weil Gott eine Spur gewiesen hat, die den Menschen einlädt, ihn zu suchen: „Nach dem Wer kann nur dort legitim gefragt werden, wo sich der Gefragte selbst vorher schon offenbart hat, wo der immanente Logos bereits vorher aufgehoben ist; d. h. nach dem Wer kann nur gefragt werden unter der Voraussetzung der bereits vorher geschehenen Antwort“ (Berlin, S. 283).

Der Mensch vor Gott

Zur christlichen Anthropologie vgl. GERHARD LUDWIG MÜLLER, *Katholische Dogmatik. Für Studium und Praxis der Theologie*, [8]2010, S. 106–155.

In Jesus Christus hat Gott die durch den Sündenfall verworfene Menschheit angenommen. Jesus ist also der Mensch vor Gott schlechthin. Was an Jesus geschieht und was er tut, das geschieht und das tut er stellvertretend für die ganze Menschheit. Der Gedanke der Geschichtlichkeit und der Stellvertretung ist zentral. Denn der ohnmächtige Gekreuzigte ist nicht die Verklärung eines heroischen Menschentums, sondern das „Ja Gottes zum wirklichen Menschen, nicht das leidenschaftslose Ja des Richters, sondern das barmherzige Ja des Mitleidenden. In diesem Ja ist das ganze Leben und die ganze Hoffnung der Welt beschlossen. In dem Menschen Jesus Christus ist das Urteil über die ganze Menschheit ergangen, wiederum nicht das teilnahmslos Urteil des Richters, sondern das barmherzige Urteil dessen, der das Geschick der ganzen Menschheit selbst durchleidet und trägt. Jesus ist nicht *ein* Mensch, sondern *der* Mensch. Was an ihm geschieht, geschieht am Menschen, geschieht an allen und darum auch an uns. Der Name Jesus schließt die ganze Menschheit und den ganzen Gott in sich“ (Ethik, S. 71 f.).

Christus als die Mitte des Seins, der Geschichte und der Natur ist für die Christologie Bonhoeffers charakteristisch. Es gibt zur Welt nur durch die Vermittlung Christi einen Zugang und Gott gibt sich allein in Christus zu erkennen.

Imago Christi

Auf einen weiteren Aspekt der Christologie Bonhoeffers sei an dieser Stelle noch aufmerksam gemacht, weil sich in ihm schon eine praktische Komponente aufspüren lässt. Gott setzt mit dem Offenbarungsgeschehen der Inkarnation der Verzerrung des Menschen sein eigenes Antlitz entgegen. Das Abbild Gottes, das in der Genesis den Menschen charakterisiert, ist durch die Sünde und die fortschreitende Entfremdung nicht mehr da. Also setzt Gott sein Bild in Christus entgegen. Dieser kommt aber als der Entäußerte, als der Gekreuzigte, der Sich-Hingebende. Um nunmehr wieder gottähnlich zu werden, muss sich der Nachfolgende am leidenden Gottesknecht orientieren, um auch das in der Verklärung schon vorweggenommene Antlitz des Heils zu tragen. Bonhoeffer geht den Weg, den er mit der mündiggewordenen Welt glaubt gehen zu müssen. Ohne religiöse Übersteigerung wird der Glaube an Jesus Christus zur konkreten Nachfolge in der Welt in Leid und Tod. Angesichts der Zeitumstände eine naheliegende Interpretation. Die verlorene Ähnlichkeit des Menschen mit Gottes Bild hat sich selbst zersetzt in den Bildern des Krieges und des Millionenfachen Tötens. Jesu Hingabe wird zum neuen Vor-Bild für den Jünger. Er wird frei, um vor Gott wirklich Mensch zu sein.

In der vollständigen Erniedrigung des Sohnes Gottes am Kreuz wird die Umkehrung der „Sache Gott", wie sie durch die Religion objektiviert wurde, vollzogen. Jesus Christus ist der Herr der Welt. Im „Für andere da sein" der Hingabe am Kreuz finden die Fragen „Wer ist Gott?", „Wer ist Jesus Christus?" ihre Lösung. Totale Pro-Existenz ist die Transzendenz, deren völlige Freiheit von sich selbst, Allmacht, Allwissenheit und Allgegenwart buchstäblich *frei*-setzt. Bonhoeffer geht es um das Hier und Heute, ohne die Überzeitlichkeit Gottes zu leugnen. Schließlich ist die Inkarnation Offenbarung Gottes, der an unserer Seite ist.

Für andere da – Kirche in der Welt

Die Proexistenz Jesu kann natürlich nicht folgenlos für Bonhoeffers Verständnis von der Kirche bleiben. Ebenso wie die religionslose Zuordnung des Christentums hinein in die Welt. Das „Für andere da sein" meint den Nächsten, den, der in der Welt uns begegnet.
Die Kirche ist begründet in der Offenbarung des Herzens Gottes als Offenbarung des Für-Seins Gottes für die Welt in Christus. Mit Jesus Christus kann das durch Adam zerschnittene Band wieder neu geknüpft werden. Als eine Initiative Gottes, ist es Offenbarung, Herantreten Gottes an die Menschen. Er schüttet sein Herz aus.
Und im Geschehen am Kreuz schafft der leidende Gottessohn als Erwiderung auf die ich-bezogene Tat Adams die neue Gemeinschaft, das Sein für andere – die Kirche. Sie ist in Jesus Christus und auf ihn gegründet.
Zentrales Thema seiner Theologie ist demnach der Kirchenbegriff. Die Kirche ist „der Ort des gegenwärtigen Christus in der Welt", den „nur Gott bestimmt" (Ökumene, S. 247 f.). Diese Einheit von Christus und Kirche drängt zu einer Identität. Als Ort der Gottesoffenbarung ist sie auch der Ort göttlichen, Gehorsam fordernden Urteils über die Welt und den Menschen. Kirche ist in der Welt, aber ihr zugleich auch gegenüber. Dazu tritt bei Bonhoeffer ein zweiter Kreis in der Erkenntnis der Kirche. Sie ist, weil ihre Nähe zu Christus nicht zu überbieten ist, Voraussetzung und Gegenstand der Dogmatik zugleich. Nur innerhalb der Kirche, in der Gemeinschaft der Glaubenden wird uns der Glaube zu Gehör gebracht. In der Kirche begegnen wir zum ersten mal der Botschaft und der Person Jesu Christi: „Theologie war keine Privatmeinung des Individuums über Gott, Christus, den Heiligen Geist, sondern ein Erkenntnisprozess über das, was zuvor real in der Kirche geschehen ist.

(…) Die Kirche gehört aber vor die Klammer der Theologie. (…) Diese Einsicht verhindert, dass das Reden über Gott zu einem Verfügen über Gott wird“ (vgl. Ökumene, S. 254 f.).
Sie wird aber dann erst vollständig zur Kirche Jesu Christi, wenn sie sich an Jesus Christus orientiert, der sein Leben als Hingabe, als Sein-Für-Andere verstanden hat. Das Für-die-Anderen-da-Sein ist wesentliches Element der Kirche, dadurch erfüllt sie ihren Auftrag, Sakrament in der Welt und für die Welt zu sein.
Wie tief der ekklesiale Gedanke bei Bonhoeffer durchdacht ist, zeigt auch ein Zitat aus einer Predigt aus dem Jahr 1928: „Kirche, das ist unser Glaube – ich glaube an eine heilige Kirche. Kirche, das ist der Sinn unserer menschlichen Gemeinschaft. Kirche, das ist unsere Hoffnung für diese und jene Zeit. Mit den Worten eines alten Kirchenvaters gesungen: Gott unser Vater, die Kirche unsere Mutter, Jesus Christus unser Herr – das ist unser Glaube“ (Barcelona, S. 492).

Christus als Gemeinde existierend

„Jesus Christus ist für seine Brüder, indem er an ihrer Stelle steht. Christus steht für seine neue Menschheit vor Gott. Ist das aber so, so ist er die neue Menschheit. Dort, wo die neue Menschheit stehen sollte, steht er stellvertretend kraft seiner pro-me-Struktur. Er ist die Gemeinde. Er handelt nicht nur für sie, er ist diese, indem er ans Kreuz geht, die Sünde trägt und stirbt. Darum ist in ihm die Menschheit gekreuzigt, gestorben und gerichtet. (…) Diese eine und ganze Person, der Gott-Mensch Jesus Christus ist in der Kirche in seiner pro-me-Struktur als Wort, als Sakrament und als Gemeinde gegenwärtig“ (Berlin, S. 296). Und dichter drückt Bonhoeffer in der Vorlesung über das Wesen der Kirche bereits 1932 die Identität von Christus und Kirche aus: „Christus ist selbst die Gemeinde“ (Ökumene,

S. 271), weil mit ihm eine neue reale Menschengemeinschaft mitgesetzt ist. Er ist in und als Gemeinde personal gegenwärtig. Der Gemeinde steht nicht nur Christus gegenüber, sondern ihr kommt selbst – durch die Kollektivperson Jesus Christus – Offenbarungscharakter zu. Die Beziehung Gottes zu den Menschen wird aus der Beschränkung auf das eigene Selbst hinein in die von Christus gestiftete Heilsgemeinde gehoben: „Gegenwart Christi auf Erden ist Kirche“ (Ökumene, S. 271).

Das Haupt aber ist Christus

Die neu geschaffene Menschheit, der Leib Christi in der Welt (Inkarnation als Annahme der Menschheit im Leib) ist Ausdruck der Einheit und Identität von Christus und der Kirche: „Was er handelte, handelte er zugleich für die neue Menschheit, die er in seinem Leibe trug“ (Nachfolge, S. 229). Diese Gemeinschaft mit dem Leib Christi vermittelt Christus in der Zeit nach seiner leiblichen Gegenwart auf Erden durch seine Gegenwart in und als Wort, Sakrament und das Miteinander- und Füreinander-Leben in der Gemeinde. Aus dieser Einheit leitet sich aber zugleich die Differenz zwischen Leib und Haupt ab. Nach der Himmelfahrt entsteht erst seit Pfingsten die in der Geschichte sich durch das Wirken des Geistes verwirklichende empirisch greifbare Gemeinde. Der Geist aktualisiert die soziologisch fassbare Gemeinde aus der im Christusgeschehen schon realisierten Kirche. Er weckt den Glauben. So wird klar, dass die Himmelfahrt das klare Gegenüber zur Kirche wahrt. Christus ist der Herr.

Bruder in der Gemeinde

Neben der Bestimmung der Kirche durch die Einheit mit Christus und die Überordnung als Haupt tritt bei Bonhoeffer eine dritte Beschreibung im Verhältnis Kirche – Christus hinzu: Im Herr-Sein Christi kommt die vertikale, im Bruder-Sein die horizontale Linie des neuen Gottesvolkes zur Aussage: „Glaube und Liebe sind Strukturgestalten der Gemeinde (vertikal und horizontal). Sie sind getrennte Funktionen einer Wirklichkeit. Glaube ist Einheit, Liebe ist Gemeinschaft" (Ökumene, S. 289). Mit anderen Worten: Seit Jesus als ganzer Mensch zu unserem Bruder wurde, begegnet mir im anderen Christus als Bruder.

Die Predigt als konkreter Ort der Verkündigung

Das Geschenk dieser Gemeinschaft, die in Einheit mit Christus unter seiner Leitung zur brüderlich vereinten Menschheit wird, ist nicht in sich abgeschlossen. Die konkrete Offenbarung im Christusereignis, die in der konkreten Kirche gegenwärtig ist, hat die Aufgabe der Verkündigung. Für Bonhoeffer ist die Predigt und der Sakramentengottesdienst auch „die konkrete Funktion der empirischen Kirche" (Sanctorum Communio). Die Betonung des Wortes „konkret" in diesem Abschnitt spiegelt die Bedeutung und den Stellenwert wider, den Bonhoeffer dieser gegenwartsnahen Form der Verkündigung beimisst. „Die Konkretion", so Ernst Feil, „die der Predigt gegeben ist, kommt nicht von ihr selbst, sondern durch Christus, der in ihr gegenwärtig ist. (…) Daher darf die Predigt nie Weltweisheit bringen wollen. Konkretion ist, und darauf muss hier ausdrücklich hingewiesen werden, nicht Stellungnahme zu Tagesfragen. Eben damit verliert die Predigt ihre Konkretion: ‚Nur wo Christus gepredigt wird, da ist Gott. Ohne ihn wird es bestenfalls Lehre. Wird Christus gepredigt, dann ist die Predigt Zeugnis.'"

Ernst Feil, *Die Theologie Dietrich Bonhoeffers. Hermeneutik, Christologie, Weltverständnis*, 1971, S. 113.

Von daher rührt Bonhoeffers Engagement in den Predigerseminaren Finkenwalde und im Bruderhaus für eine intensive Ausbildung der zukünftigen Pfarrer. Die Verkündigung in der Predigt ist kein schönes Sonntagsgespräch mit Anleihen aus dem Alltag, sondern unmittelbares – eben konkretes – Zeugnis von der ergangenen Offenbarung in Jesus Christus.

Konkretion im Sakrament

Erstaunlich deutlich für einen evangelischen Theologen bezieht Bonhoeffer diese Konkretion auch auf die Sakramente. „(…) ohne das Sakrament ist das Wort in der Gefahr, allgemein und unverbindlich, damit aber unwirklich zu werden" (Berlin, S. 300). Das Sakrament ist konkret, weil es ein greifbar-sichtbares Tun ist, in dem sich das zeichenhaft realisiert, was in der Predigt vermittelt und verkündet wird: Das Heil von Gott in und für die Welt!

Die Beichte

Am Beispiel der persönlichen Beichte setzt Bonhoeffer seinen Maßstab. Wenn der Prediger über die Rechtfertigung und die Vergebung der Sünden spricht, muss, damit sie nicht zu einem allgemeinen Appell oder zu einer frommen Tageslosung wird, umgesetzt werden in die Übung einer persönlichen Beichte. Dem Wort folgt die Tat. Die Beichte ist eines seiner Themen, die er wiederholt aufgreift. Programmatisch ist der Satz: „Es gibt keine Gemeinde mehr, wenn nicht mehr gebeichtet wird" (Ökumene, S. 297). Das hat ihm im evangelischen Bereich viel Kritik eingebracht. Man hat es der klösterlichen Lebensgestaltung in den Predigerseminaren und im Bruderhaus zugeschrieben sowie seinen im ersten Teil beschriebenen Erlebnissen während seines Aufenthalts in Rom. Die römische Beichtpraxis hinterließ einen nachhaltigen Eindruck bei dem jungen Studenten. Bereits in Sanctorum Communio sieht er in der Wiedergewinnung der Beichte die „zur Zeit größte Aufgabe" (vgl. Sanctorum Communio, S. 187) und im Bruderhaus wird die Beichte als zentraler Bestandteil eingeführt. Die Studenten mussten sich selbst erst damit anfreunden.

Für Bonhoeffer war die Wiedereinführung der evangelischen Einzel-Beichte ein klar umrissenes Ziel. Mit dem Verweis auf die gemeinsame Tradition der östlichen und westlichen Kirche, die auch nicht durch die Reformation durchbrochen wurde, wird auch der dahinterstehende ökumenische Anspruch deutlich: „Beichte als Herz der Seelsorge“ und „Die Beichte ist Gemeingut der christlichen Kirche“ (Theologenausbildung, S. 589 ff.). Wenn Luther zwar den „Zwang“ zur Beichte ablehnte, obwohl er selbst stets darauf bedacht war, auf die von ihm selbst nicht unterbrochene Beichtpraxis hinzuweisen, so blieb das Thema Sündenvergebung im protestantischen Raum stets präsent. Als Innerlichkeit der Reue bei den Pietisten oder als pädagogische Vorbereitung auf das Abendmahl bis hin zu den Versuchen des Neuluthertums im 19. Jahrhundert die Beichte wiederzubeleben.

Bonhoeffers Plädoyer für die Einzelbeichte

„Die Sünde will mit dem Menschen allein sein. (…) Sünde will unerkannt bleiben. Sie scheut das Licht. Im Dunkel des Unausgesprochenen vergiftet sie das ganze Wesen des Menschen. Das kann mitten in der frommen Gemeinschaft geschehen. In der Beichte bricht das Licht des Evangeliums in die Finsternis und Verschlossenheit des Herzens hinein. Die Sünde muss ans Licht. Das Unausgesprochene wird offen gesagt und bekannt. Alles Heimliche und Verborgene kommt nun an den Tag. Es ist ein harter Kampf, bis die Sünde im Geständnis über die Lippen kommt. Aber Gott zerbricht eherne Türen und eiserne Riegel. (…) Indem das Sündenbekenntnis im Angesicht des christlichen Bruders geschieht, wird die letzte Festung der Selbstrechtfertigung preisgegeben. (…) Die ausgesprochene, bekannte Sünde hat alle Macht verloren. (…) Die Wurzel aller Sünde ist der Hochmut (…) Die Beichte vor dem Bruder ist tiefste Demütigung, sie tut weh, sie macht gering, sie schlägt den Hochmut furchtbar nieder. Vor dem Bruder als Sünder dazustehen ist kaum zu ertragende Schmach. Im Bekenntnis konkreter Sünden stirbt der alte Mensch unter Schmerzen einen schmachvollen Tod vor den Augen des Bruders. Weil diese Demütigung so schwer ist, meinen wir immer wieder, der Beichte vor dem Bruder ausweichen zu können. Unsere Augen sind so verblendet, dass sie die Verheißung und die Herrlichkeit solcher Erniedrigung nicht mehr sehen. Es ist ja kein anderer als Jesus Christus selbst, der den Schandtod des Sünders an unserer Stelle in aller Öffentlichkeit erlitten hat. (…) das Kreuz Jesu Christi macht allen Hochmut zunichte. Wir können das Kreuz Jesu nicht finden, wenn wir uns scheuen, dorthin zu gehen, wo er sich finden lässt, nämlich zum öffentlichen Sterben des Sünders, und wir weigern uns, das Kreuz zu tragen, wenn wir uns schämen, den schmachvollen Tod des Sünders in der Beichte auf uns zu nehmen“ (Gemeinsames Leben, S. 95).

Beichte als Schutz der Gemeinschaft

Durch die Sünde entfernt sich der Mensch immer weiter weg von Gott. Und wer sich von Gott entfernt, vergrößert auch die Distanz zu seinen Mitmenschen, denn es ist unmöglich Gott und den Nächsten gegeneinander auszuspielen. So ist die bekundete Reue und das gesprochene Wort der Beichte auch Schutz der Gemeinschaft. Das demütige Bekenntnis der Sünde vor dem Bruder ist ein Akt der Kreuzesnachfolge, der den Sünder von der eigenen Verstellung befreit. Denn als Sünder gaukelt er den anderen etwas vor und lebt in einer erzwungenen Heuchelei. Christus am Kreuz hat die Sündhaftigkeit der Menschen ans Licht gebracht. Eine Zerrissenheit ist die Folge, die nur durch die Selbstkundgabe der Person wieder in die Gemeinschaft führt. Dort findet der Christ das neue Leben in der Nachfolge und im Leben der Gemeinde: „Beichte ist Nachfolge“ – sie öffnet das Tor zur ganzen Fülle christlichen Lebens in der Gemeinde.

Beichte und Kirche, Christus in der Gemeinde existierend, sind Topoi, die nicht auseinandergerissen werden dürfen, will man Bonhoeffer verstehen. 1924 schon verbindet er die Beichte mit der Vorstellung einer lebendigen Kirche: „Es gibt doch hier (=in der katholischen Kirche) noch so viele Einrichtungen, wo lebendiges religiöses Leben noch eine Rolle spielt, so z.B. der Beichtstuhl“ (Jugend, S. 115). Ein interessantes Wort des jungen Studenten, der die Lebendigkeit und die Entwicklungsfähigkeit der Kirche von ihrem und dem persönlichen Umgang des Gläubigen mit der Beichte zu verknüpfen sucht. Reue und Umkehr führen den Menschen letztlich immer zu sich selbst, weil er seine Geschöpflichkeit und seine Verwiesenheit auf Gott anerkennt.

Beichte – ein Sakrament?

Zum katholischen Verständnis des Sakraments der Wiederversöhnung mit Gott und der Kirche vgl. GERHARD LUDWIG MÜLLER, *Katholische Dogmatik. Für Studium und Praxis der Theologie*, [8]2010, S. 713–733.

Man ist versucht die Zeugnisse Bonhoeffers über die Einzelbeichte mit der katholischen Lehre von den Sakramenten zu vergleichen und zu identifizieren. Leo Scheffczyk möchte Bonhoeffers Beichttheologie in die unmittelbare Bußlehre der katholischen Dogmatik übernehmen, weil er „überraschende Einblicke zutage fördert, die nicht nur von einer hohen Wertschätzung dieses theologischen Geschehens zeugen, sondern eine tiefe und notwendige theologische Verwurzelung aufzeigen, wie sie die katholische Dogmatik (…) auch nicht besser geben könnte. (…) Hier sieht Bonhoeffer tiefer und ‚katholischer‘ als manche modern sein wollende heutige katholischen Theologen, die die individuelle

Beichte und das persönliche Bekenntnis zugunsten einer anonymen Bußandacht streichen möchten, nicht wissend, dass sie der Kirche damit etwas Zentrales nehmen."

LEO SCHEFFCZYK, „Das ,Katholische' in der Kirchenauffassung Dietrich Bonhoeffers" in: *Ortskirche – Weltkirche*, hrsg. v. Heinz Fleckenstein (= FS Döpfner), 1973.

Ist Bonhoeffer hier katholisch? Ein erheblicher Unterschied im Verständnis der Beichte liegt zum einen in der Zuordnung von Beichte und Amt und zum anderen in der Frage nach der Heilsnotwendigkeit des Sündenbekenntnisses im Akt der Beichte. Ihm war sicher klar, dass Luthers Ablehnung des Beichtsakraments und die Rechtfertigung aus dem Glauben allein die „alte" Kirche preisgegeben hat. Aber die Neubetonung der Beichte als „Erneuerung der Tauffreude" (Gemeinsames Leben, S. 97) zeigt, wie eng Bonhoeffer sie dem Sakrament der Taufe anbindet. Ebenso stark ist die Verknüpfung von Predigt und Beichte: „Es ist Unfug, wenn ein Vikar wohl predigen, aber nicht das Sakrament verwalten darf. Sakramentslose Predigt verliert ihr Gewicht. Sakramentslose Kirche verliert Predigt und Beichte" (Ökumene, S. 269). Es ist auch ein Plädoyer für die Sichtbarkeit des Heils in den Zeichen insgesamt wie der wiederholt vorgetragenen Zusammenhang von konkreter Umsetzung des im Glauben Angenommenen.

Ein weiterer Unterschied liegt in der Wertung der unterschiedlichen Beichtmöglichkeiten. Zwar bleibt auch bei Bonhoeffer die Vergebung der Sünden unabdingbar für das Heil – diese ist aber nicht an die Einzelbeichte gebunden –, und sie kann auch in der Herzensbeichte und oder einem allgemeinen Sündenbekenntnis erlangt werden. Und trotz einer gewissen Bevorzugung der Einzelbeichte bei Bonhoeffer und der Zuordnung von Christsein in der Nachfolge gibt es kein theologisches oder kirchenrechtliches Ausgreifen auf die Heilsnotwendigkeit der Einzelbeichte. Im katholischen Verständnis gibt es natürlich auch die Möglichkeit der Vergebung schwerer Sünden durch vollkommene Reue und ein allgemeines Sündenbekenntnis „im Notfall“ – dennoch wird die Einzelbeichte als baldmöglichsten sakramentalen Akt eingefordert. Reue, Bekenntnis, Genugtuung und Absolution sind als Einzelelemente des Beichtgeschehens sind mit der Lehre der katholischen Kirche übereinstimmend – es fehlt eine Lösung in der Frage des Spenders des Sakraments und die Bestimmung der Heilsnotwendigkeit dieses Aktes.

Die Arkandisziplin – Konzentration für den Dienst

Der Vorstellung eines religionslosen Christentums in einer mündiggewordenen Welt stellte Bonhoeffer als ergänzenden Begriff den der Arkandisziplin zur Seite. In der Frühen Kirche der Antike schloss die Arkandisziplin Außenstehende von den zentralen Elementen des Gottesdienstes und der Lehre aus. Für Bonhoeffer ist das Arkanum (lat. *Arcanum,* das Geheimnisvolle, das Verborgene) im Zusammenhang mit seiner Ekklesiologie zu lesen: „Das Bekenntnis ist nicht propagandistisch laut herauszuschreien, es muss als heiligstes Gut der Gemeinde bewahrt bleiben“ (Ökumene, S. 296 ff.). Legt er zunächst das religiöse Gewand des Christentums ab, um später den Kult wieder zu etablieren? Mit der Formel vom „religionslosen Christentum“ hat Bonhoeffer den besonderen Weltcharakter des Christusgeschehens herausgearbeitet und zugleich die Welt als den bevorzugten Ort der Verkündigung. Aber: Das erste Bekenntnis vor der Welt ist die Tat, die sich von dorther interpretiert. Bonhoeffer weiß also um die Schwächen der Wortverkündigung, um die Angleichung an die profane Sprache, um von Gott, dem Glauben und den Sakramenten zu reden.

Die eingeforderte Arkandisziplin ist im Rahmen des „Christus in der Gemeinde existierend“ zu lesen und zu deuten. Als Gemeinde sind wir mit Christus, dem Haupt, so eng verbunden, dass unser Leben zugleich Teilhabe am Leiden des Gottessohnes bedeutet. Es gehört zur Frage „Wer ist Christus für uns heute?“

In Finkenwalde, so Eberhard Bethge, wunderten sich alle, dass es ihm ein so großes Anliegen war, dieses erhabene Element der alten Kirchengeschichte lebendig erstehen zu lassen. Zumal er einerseits die Ausbildung für die Predigt mit Nachdruck förderte und sich als Wortführer der Bekennenden Kirche eindeutig zu den äußeren politischen Umständen äußerte. Warum also schweigen?

Man würde ihn missverstehen, wenn man das religionslose Christentum und den Christus in der Welt ohne die zum Gottesdienst versammelte Gemeinde zu verstehen versucht. Auch wenn der „Kult“ der „Religion“ zuzuordnen ist, braucht es einen Raum, in dem Wort, Gebet, Sakrament als eigenständiges Moment des Glaubens erscheinen. Aber: Gebet, Gottesdienst, Meditation, Fasten und die Beichte müssen vor einer Profanierung durch ein allzu anbiederndes Werben geschützt werden. Sie dürfen nicht zum verhandelbaren Objekt werden, das angeboten und angepriesen wird. Damit unterstreicht er die Forderung nach einer Konzentration auf das Wesentliche, das Innerste, um aus dem Arkanium heraus, den Dienst nach Außen zu bewältigen: „Nicht klösterliche Abgeschiedenheit, sondern innerste Konzentration für den Dienst nach Außen ist das Ziel“ (Theologenausbildung, S. 77).

Eberhard Bethge hat eine treffende Erklärung für das Paradox „Arkandisziplin und Weltlichkeit“ gegeben: „Wenn sie sich nicht gegenseitig korrigieren, werden sie bedeutungslos und banal. Arkandisziplin ohne Weltlichkeit ist Getto, und Weltlichkeit ohne Arkandisziplin ist nur noch Boulevard. So wird man es sich etwa vorzustellen haben: im Arkanum geschehen die Lebensvorgänge des Glaubens, Lob, Bitte, Dank und Tischgemeinschaft, und diese werden nicht nach außen hin interpretiert. Der, um den es in dieser Arkandisziplin geht, sendet die ‚Eingeweihten‘ ständig in ihrer Teilnahme an die Welt, in der er ihnen zusagt, dass er sie dort trifft und fragt. Sie gesellen sich solidarisch den Menschen ihrer Berufssphäre zu und ‚sind für andere da‘. So warten sie auf den Tag, an dem sie auch ‚interpretieren‘ werden, und zwar so, dass sie damit nicht Bestehendes religiös verbrämen, sondern neues Leben stiften (Bethge, Theologe, S. 992). Die Arkandisziplin ist also kein Rückzug aus der Welt, sondern in ihrer Zurückgezogenheit auf den Weltdienst hingeordnet, der sich nicht in der Oberflächlichkeit erschöpfen soll.

Ausführlich bei Gisela Meuss, „Arkandisziplin und Weltlichkeit bei Dietrich Bonhoeffer“ in: *Die Mündige Welt*, III, 1960, S. 68–115.

Sie hat aber zugleich die Aufgabe, die Differenz zwischen der in Christus schon wirklichen, aber erst am Ende, im künftigen Reich Gott verwirklichten Wirklichkeit aufrecht zu erhalten, indem sie den geheimen – verborgenen – Charakter der Offenbarung, also das Geheimnis schützt. Das noch nicht erreichte, das aber bereits im Gegenwärtigen aufscheint ist Inhalt der Arkandisziplin. Mit dem Arkanum wächst sozusagen die Kirche über sich hinaus in die Eschatologie, weil es ihre Aufgabe ist, das kommende Reich Gottes bereits jetzt durch ihr Bekenntnis, ihren Gottesdienst, ihre Gebete, die Beichte schon vorab zu zeigen, ohne das dies einer vollendeten Realität entspreche.
Die Beobachtung des Lagerarztes von Flossenbürg in den letzten Minuten vor der Hinrichtung zeigen einen Bonhoeffer, der aus seiner Innerlichkeit heraus, aus dem Schweigen, aus der Zwiesprache mit Gott heraus, ein eindrucksvolles Zeugnis für das Christusereignis ablegte: „Durch die halbgeöffnete Tür eines Zimmers im Barackenhaus sah ich vor Ablegung der Häftlingskleidung Pastor Bonhoeffer in innigem Gebet mit seinem Herrgott knien. Die hingebungsvolle und erhörungsgewisse

Art des Gebetes dieses außerordentlich sympathischen Mannes hat mich aufs Tiefste erschüttert."

HERMANN FISCHER-HÜLLSTRUNG, „Bericht aus Flossenbürg" in: *Begegnungen mit Dietrich Bonhoeffer, ein Almanach*, hrsg. v. Wolf-Dieter Zimmermann, 1964, S. 207.

Ein theologisches Experiment – Überlegungen zu Abendmahl und Eucharistie

Während seines Aufenthaltes im Kloster Ettal notiert er in seinem Tagebuch eine bedenkenswerte Entdeckung: „Eben komme ich aus einer wunderbaren Messe. Mit dem Schott in der Hand kann man doch vieles mitbeten und ganz bejahen. Es ist doch nicht einfach Götzendienst, wenn auch der Weg vom eigenen Opfer für Gott zum Opfer Gottes für uns, wie ihn die Messe geht, mir schwer fällt und ein verkehrter Weg zu sein scheint. Aber ich muss es noch besser verstehen."

DIETRICH BONHOEFFER, *Konspiraton und Haft* (= DBW 16), 1996, S. 75f.; vgl. ähnlich schon Jugend und Studium, S. 114f.

Bemerkenswert an dieser Notiz ist vor allem, dass Bonhoeffer bei bleibenden grundsätzlichen Bedenken die Notwendigkeit erkennt, sich über scheinbar endgültige Scheidungen und Entscheidungen hinweg um ein neues Verständnis zu bemühen. Es sollen nicht die Bekenntnisformeln der eigenen Tradition mechanisch übernommen werden, sondern es geht darum, sie in ihrem Sinn und Inhalt in dialogischer Auseinandersetzung mit anderen Positionen reflexiv sich anzueignen.

Hier findet sich schon die heutige ökumenische Methode der Annäherung. Dazu die von Karl Lehmann und Wolfhart Pannenberg herausgegebene Reihe *Lehrverurteilungen – kirchentrennend?*, 1987ff.

Dabei hätte Bonhoeffer in seinem projektierten Unternehmen die Messe, d.h. speziell die Rede vom Opfercharakter, „besser zu verstehen", auf grundlegende Einsichten seiner eigenen Abendmahlstheologie zurückgreifen können, was noch nicht zu einem vollen Konsens führen muss.

Indem diese Linien herausgearbeitet werden, wird gewissermaßen in einem theologischen „Experiment" versucht, Bonhoeffers Abendmahlstheologie in seiner eigenen Intention mit der Kategorie „Opfer" zu konfrontieren. Die Problematik kann in drei Fragekreisen angegangen werden, in den Fragen nach dem *Opfercharakter des Kreuzestodes Christi,* nach dem *Bezug des letzten Abendmahls zum Kreuzesopfer* und dessen sakramentale Vergegenwärtigung, und schließlich nach dem subtilen und mehrschichtigen *Verhältnis des Opfers Christi zum Opfer der Kirche.*

Das Opfer Christi am Kreuz

Wenn in der katholischen Theologie vom Opfercharakter der Messe die Rede ist, kommt darin im Bezug zum Gesamthandeln Christi eine spezifische Deutung der Heilswirklichkeit zum Ausdruck. Interpretiert man das Kreuzesgeschehen nicht als das zufällige Scheitern des Menschen Jesus, das seiner Sendung letztlich äußerlich bleibt oder als den Märtyrertod eines unbestechlichen Idealisten, sondern als die Tat des Gott-Menschen Jesus Christus zur eschatologisch-universalen Versöhnung mit den Menschen in der neuen und endgültigen Gottes- und Menschengemeinschaft – wie es auch Bonhoeffer tut –, dann erhebt sich die Frage nach dem näheren Verständnis der Einheit und der Unterschiedenheit göttlichen und menschlichen Handelns und Wirkens, das sich in der Person Jesus von Nazareth begegnet und nach einer angemessenen Form des Ausdrucks in theologischen Kategorien. Was in diesem Sinn Rechtfertigung, Gnade, Sakrament und Communio mit dem Leben des dreifaltigen Gott bedeuten, entscheidet sich letztlich an der Person Jesu Christi und seiner gott-menschlichen Person-Wirklichkeit, wie sie uns das Glaubensbekenntnis vorlegt: Wahrer Gott und wahrer Mensch.

Das darin ausgedrückte komplexe Zueinander von göttlichem Gnadenhandeln und der menschlichen Bereitschaft, sich darauf einzulassen, wird deutlich. Dem klassischen Standpunkt der „Alleinwirksamkeit“ Gottes, der ein weitest gehendes Zurückdrängen der menschlichen Aktion im Heilsvorgang bedeutet und die daraus ableitbare reformatorische Deutung der Sakramente als rein passives Empfangen, steht die katholische „Allwirksamkeit“ gegenüber, die dem Menschen ein durch die Gnade ermöglichtes Mitwirken am Heilsprozess – gemäß seiner kreatürlichen Möglichkeiten – zugesteht.

Hier muss irgendwie vermittelt werden. Fasst man den Menschen primär in seiner Sündigkeit, dann wird die alleinige Wirksamkeit Gottes in seinem verzeihenden und versöhnenden Handeln deutlich sowie die totale Ohnmacht des Menschen in seiner Möglichkeit, als Sünder aus der zerbrochenen Gemeinschaft heraus ein neues Band mit Gott zu knüpfen durch eigene verdienstliche Taten. Die reine Gnadenhaftigkeit des Heils ist gewahrt. Dabei tritt aber die Rolle Christi eigentümlich auseinander. Einmal erscheint er als Bote von Gott her, der die Richtung von oben nach unten verkörpert, so dass aber seine Menschheit nur das äußerlich bleibende Instrument seiner Wirksamkeit zu sein scheint, andererseits steht er aber als Mensch anstelle der Menschheit, für die er rein passiv den göttlichen Zorn erleidet und die göttliche Vergebung empfängt.

In *Akt und Sein* verfolgt Bonhoeffer dieses Ziel.

Menschliches Handeln auf Gott hin

Das Verhältnis Gottes zum Menschen ist aber nicht schon dann wiederhergestellt, wenn aus dem Sünder wieder ein Begnadigter gemacht wurde, sondern wenn er wieder als Geschöpf auf Gott hin handeln kann. Darum muss in die Perspektive des begnadigten Sünders auch die Dimension der Neuschöpfung und der damit gegebenen neuen Richtung des Erkennens und Wollens auf den Schöpfer hin zum Vorschein kommen. Rechtfertigung ist bei Bonhoeffer eben auch die Schaffung einer neuen Wirklichkeit, eben der, des aktiven Handelns auf Gott hin: „War in Adam durch die Verkrampfung des Menschen in sich selbst das Dasein durch das Wiesein vergewaltigt, so muss mit dem Blick auf Christus die Lösung eintreten, das Dasein wird frei; nicht so, als ob es dem Wiesein als selbständiges Sein gegenüberstehen könnte, aber es kommt aus der Gewalt des Ich unter die Gewalt Christi und erkennt sich erst hier in ursprünglicher Freiheit als Geschöpf Gottes“ (Akt und Sein, S. 149).

Christus Creator

Das ist aber nur möglich, wenn in Christus das strafende und verzeihende Wirken von Gott her zum Menschen und das gehorsame Annehmen und Handeln Christi als des neuen Schöpfers auf Gott hin personal verbunden sind. Nur weil im Gott-Menschen Schöpfer und Geschöpf untrennbar personal verbunden sind, gibt es auch die heilbringende Einheit des Opfers Gottes für uns in der Offenbarung seiner verzeihenden und versöhnenden Liebe und des Opfers Christi anstelle der Menschheit in der Einheit der Person Christi, wodurch die neue Gottes- und Menschengemeinschaft wieder wirklich werden kann, indem der Mensch seiner neuen Geschöpflichkeit gemäß auf Gott und den Menschen hin handeln kann: „Gott ist versöhnt, weil durch den Opfertod Christi, durch sein Pascha die menschliche Natur einen Zustand erreicht hat, der voll Liebe Gottes wert ist.“

i Erwin Iserloh, *Abendmahl und Opfer*, 1960, S. 104.

Wenn die katholische Theologie die geschöpfliche Hinwendung mit dem Begriff Opfer kennzeichnet, wodurch der Mensch in einem ausdrücklichen Akt der Gottesverehrung Gott als seinen Herrn und Schöpfer erkennt und anerkennt, und andererseits diesen Begriff in das Verständnis der Eucharistie einbringt, dann will sie keineswegs den Geschenkcharakter des

gnadenhaft gesetzten neuen Gottesverhältnisses leugnen. Es geht darum, innerhalb dieses Rahmens die neu in ihr Recht eingesetzte relative Eigenständigkeit und Eigentätigkeit, also die geschaffene Freiheit des Geschöpfs zum Ausdruck bringen. Denn Versöhnung Gottes mit den Menschen ist nur dann voll realisiert, wenn der Mensch seine geschöpfliche Freiheit auf Gott und den Nächsten hin in der Gemeinschaft der Liebe auch aktualisieren kann (Akt und Sein, S. 136).
Strittig braucht von der Sache her die Kategorie „Opfer“ keineswegs zu sein, da die unableitbare und unvergleichbare Eigenart der Offenbarung durch die Zuhilfenahme bestimmter Phänomene, die aus dem profanen Leben, aus der Religionsgeschichte und aus dem Alten Testament bekannt sind, verdunkelt würde. Denn aufgrund des Fehlens übernatürlicher Elementarbegriffe bleibt jede Theologie, die die inkarnatorisch-weltliche Vermittlung ernstnimmt, auf die allgemeinen Bedingungen menschlichen Erkennens und Sprechens angewiesen, die sich freilich auf das letztlich unumgreifliche Geheimnis des sich offenbarenden Gottes transzendieren lassen müssen. Ein gewisses „formales Vorverständnis" der zum Verstehen der Offenbarung verwandten Begriffe bleibt unerlässlich, wobei sich diese Begriffe von der Sache selbst her, die sie zur Sprache bringen sollen, inhaltlich bestimmen lassen müssen.

Das stellvertretende Opfer

Im Unterschied zur Religionsgeschichte und zum Alten Testament wird man das Opfer im neutestamentlichen und christlichen Sinn von der Tat Christi her als Stellvertretung beschreiben müssen in der gehorsamen Hinnahme des „Zorns“ und der Versöhnung des Menschen mit Gottes und in der damit verbundenen aktiven Selbstübergabe an den Willen des Vaters. Die gehorsame und freie Erfüllung des Willens Gottes durch das

Erleiden des Todes als Strafe für die Sünde steht im Zentrum der neuen Gottes- und Menschengemeinschaft im Leibe Christi. Weil Christus als der Gott-Mensch leidet und handelt und seit in ihm Gott und Mensch nicht mehr zu trennen sind, darum muss alle Rede von Gnade und Opfer, Empfangen und Tun, Glaube und Liebe von ihm ihren Ausgang nehmen.

In einem Aufsatz zum Opfercharakter der Eucharistie arbeitete Joseph Ratzinger die beiden entscheidenden Linien des neutestamentlichen Abendmahlsverständnisses heraus. Einmal ist der von der alttestamentlichen Bundes- und Opfertheologie geprägte markinische Typ zu nennen, zum anderen der an der prophetischen Kultkritik orientierte paulinische Typ, die aber ihre gemeinsame Mitte im Stellvertretungsgedanken finden, wie er in der zentralen Bestimmung des leidenden Gottesknechts nach Jesaja 53 im „Für-Sein" zum Ausdruck kommt.

Der 1967 in der Zeitschrift *Concilium* erschienene Artikel „Ist die Eucharistie ein Opfer?“ ist aufgenommen in: JOSEPH RATZINGER, *Theologie der Liturgie* (= JRGS 11), 2008, S. 259–270, hier S. 267.

Keine dingliche Gabe wird Gott zur Versöhnung dargebracht. Die Tat Christi als das Opfer des Neuen Bundes erweist sich als personale Ganzhingabe an den Vater. Dies ereignet sich im freien Gehorsam bis zum Tod stellvertretend für die „Vielen“, die in der Annahme durch Gott die Gemeinschaft des Schöpfers und des Geschöpfs in Christus wiederherstellt: „Es wird sichtbar, dass Jesus, der sich selbsthingebende Mensch, der wirkliche Kult und die wahre Verherrlichung Gottes ist. In dem Bekenntnis zu einem Kult, der nicht in Riten, sondern in der Ganzhingabe dessen besteht, der sich für die Menschen dem Vater ausliefert, treffen sich alle vier Abendmahlsberichte.“ Weil Christus als der Sündlose allein handelte und handeln konnte, gibt es Anteil an der in Christus erneuerten Gottesgemeinschaft, die auch die Gemeinschaft der Menschen untereinander impliziert, nur durch und in der Gemeinschaft mit Christus.

Cor curvum in se

Mit dieser knappen Zusammenfassung der wesentlichen Intention des neutestamentlichen Opferbegriffes, tritt auch Bonhoeffers Christologie in den Blick, für die auch der Begriff der Stellvertretung, das Dasein für andere, zentral ist. Dies ruht auf der Wirklichkeit, dass Christus der Gott-Mensch ist. Für Bonhoeffer war es immer entscheidend, zu betonen, dass Gott in Christi Menschwerdung nicht nur einen einzelnen Menschen angenommen hat, sondern in seinem Leibe die ganze Menschheit, so dass Christus überhaupt anstelle der Menschheit vor Gott stehen kann.
Inhalt und Ziel der Sendung Jesu bestehen in der Wiederherstellung der in Adam zerbrochenen Gottes- und Menschengemeinschaft. War am Anfang der Schöpfung eine Begegnung in Freiheit und Liebe Gottes mit den Menschen, so zerbricht diese Einheit Gott-Mensch und Mensch-Mensch durch die Tat des Ungehorsams Adams, in der er *wie Gott sein wollte.* Isolierte Einzelne können dann nicht mehr gottebenbildlich sein und verlieren ihren Zugang und ihre Verbindung zu anderen Menschen. Der Sünder, der sich gegen Gott richtet, kreist um sich selbst, als *cor curvum in se:* „denn ‚in Adam' sein bedeutet in der Unwahrheit sein, d.h. in schuldhafter Verkehrung des Willens – d.h. des Wesens – in sich selbst, *cor curvum in se* Der Mensch hat sich aus der Gemeinschaft mit Gott und so auch mit dem Menschen herausgerissen und steht nun allein" (Akt und Sein, S. 136).
Bleibt dem Sünder jeder Weg zu einer neuen Anknüpfung der Gemeinschaft aus eigener Möglichkeit verdienstlichen Tuns versperrt, so kann diese nur allein von Gott selbst her kommen – aus reiner Gnade. Dies ist aber nicht als die göttliche Vergebung eines ethischen Fehlverhaltens zu denken, die mittels eines göttlichen Boten in menschlicher Gestalt erfolgt. Wenn

Gott in der Offenbarung seiner verzeihenden und versöhnenden Liebe zugleich die Wirklichkeit einer neuen Schöpfung schafft, dann muss auch der Sünder auf dieses Tun Gottes in der ihm gemäßen Weise als neu gewordenes Geschöpf antworten. Durch die freie Tat des Gehorsams, wodurch er sich selbst als das Geschöpf Gottes seines Schöpfers und Herrn erkennt und anerkennt, der so neu zur Mitte und Grenze des Menschen wird. Dieser Mensch aber ist nur denkbar als das neue Geschöpf ohne Sünde, als das Gott selbst in seinem fleischgewordenen Wort, in Jesus Christus, in der Welt erscheint. Nur in der Einheit der Gott-Menschheit Jesu ist die unwiderrufliche Einheit und Gemeinschaft Gottes mit der Menschheit als ewige Versöhnung im Leibe Christi wiederhergestellt. In der Inkarnation nimmt Christus die ganze Menschheit in seinem Leibe an und tritt als das neue Geschöpf vor Gott stellvertretend für die Sünder-Menschheit, die damit in ihrer angemaßten ethischen Selbstverantwortlichkeit gerichtet wird. Christus tritt als der Sündlose ganz an die Stelle der Menschheit und nimmt in seiner Person Schuld und Strafe auf sich. Er trägt den Zorn Gottes und erleidet am Kreuz die Strafe für die Sünde, den Tod.

Der gottebenbildliche Mensch

Weil aber Christus als der Sündlose diese Strafe und dieses Leiden bis zum Tod stellvertretend für das Heil und die Versöhnung der Welt auf sich nimmt, darum muss man seine Tat als personal-leibliche Selbsthingabe aus Liebe für die Sünder – als „Opfer" bezeichnen. Er bringt nicht ein Güteropfer zur Versöhnung eines zürnenden Gottes dar. Indem sich Christus selbst freiwillig in die Schuldsituation der Menschheit hineinstellt bis in den verdienten Straftod hinein, bringt er Gott nicht sein Leben als eine sachhafte Gabe dar, was einem Menschenopfer gleichkäme, um den zürnenden Gott gnädig zu stimmen. In seiner gott-menschlichen Einheit und Verschiedenheit stellt er mit seiner menschlichen Tat des freien menschlichen Gehorsams die rechte Beziehung zwischen dem Schöpfer und dem Geschöpf wieder her. Dort verbindet Gott als die Person der absoluten Liebe die Menschheit mit sich und untereinander zur neuen Lebens- und Liebesgemeinschaft. Damit ist in Christus der gottebenbildliche Mensch wieder hergestellt und erneuert und auf den Weg zur eschatologischen Vollendung gestellt.

In Christus neu geschaffen

Da Christus aber als das neue Geschöpf stellvertretend für die ganze in sündiger Ohnmacht befangene Menschheit sein Leben und Sterben gehorsam von Gott her annimmt und so seine Kreatürlichkeit in ihrem wesentlichen Bezogensein auf Gott und den Nächsten hin umfassend aktualisiert und in seiner menschlichen Natur mit ihrer konkreten Geschichte die ganze Menschheit umfasst ist, darum nimmt auch die Menschheit an der Rechtfertigung Christi teil. Die Gemeinschaft mit dem Leibe Christi vermittelt darum nicht nur die Versöhnung, sondern gerade auch das neue Leben des in Christus neugeschaffenen Menschen. Christus ist als der Stellvertreter der Menschheit am Kreuz nicht das passive Objekt göttlichen Straf- und Versöhnungshandelns, sondern der in der Weise der geschöpflichen Personalität anstelle der gesamten Menschheit auf Gott hin Handelnde. Die Komplexität dieses Zusammenhangs ist gewissermaßen nur paradox auszudrücken.
„Christus tut den Willen Gottes, indem er ihn erleidet" (Ökumene S. 268). Jesus steht vermittelnd zwischen der göttlichen Bestrafung und Begnadigung des Sünders, des gott-losen *sicut-Deus*-Menschen und dem wirklichen Ankommen dieses Handelns beim Menschen. Wenn sich in Christus die Liebe Gottes zur Welt offenbart, so ist in seiner Antwort der opfern-

den Hingabe an diesen Gott anstelle der Menschheit zugleich auch die neue Lebensgemeinschaft Gottes mit den Menschen in Freiheit, Gehorsam und Liebe eröffnet.
So kann Bonhoeffer die Rolle Christi als des Mittlers zusammenfassen: „*imago dei, sicut deus, agnus dei* – der für den *sicut deus* zum Opfer gebrachte, sein falsches Gottsein im echten Gottsein tötende, die *imago dei* wiederherstellende Gottmensch.“

DIETRICH BONHOEFFER, *Schöpfung und Fall* (= DBW 3), 1989, S. 105.

Indem Christus sowohl einzelner als auch die Menschheit ist, handelt er einmal am Kreuz. In der Flucht der Jünger sieht Bonhoeffer in diesem Sinn ein bedeutsames Zeichen. Nur sein Tun hat erlösenden Wert. Aber weil in seiner menschlichen Natur die Menschheit als neues Geschöpf mitgegeben ist, so ist es richtig zu sagen, dass die ganze neue Menschheit mithandelt und mitleidet.

„Ein für allemal“

Die Einmaligkeit und Einzigartigkeit des Kreuzesopfers Christi wird dadurch keineswegs aufgehoben. Nur er konnte so handeln. Diese Tat wird so gerade in ihrer zentralen Bedeutung für das Gesamtverhältnis Gottes zur Menschheit in allen Dimensionen deutlich. Auch insofern die bleibende Bedeutsamkeit des Kreuzes in der neuen, noch verborgenen und nur im Glauben erschließbaren endgültigen Gottes- und Menschengemeinschaft liegt. Die Kirche ist auf dem Weg der Nachfolge im Leben und im Sterben, um mit Christus immer mehr gleichgestaltet zu werden.

Überraschende Akzente

In einem frühen Aufsatz zum „Recht auf Selbstbehauptung" stellt Bonhoeffer präzis den christlichen Opferbegriff heraus: Jesus Christus „vollbringt das Opfer der Menschheit, aus dem allein die Menschheit leben kann, und nun lebt seit der Tat von Golgatha die Menschheit ganz aus jener Tat, die der Menschensohn für die Brüder dem Vater darbrachte. Auch er lebte wirklich, aber seine Gläubigen sehen sein Leben im Schatten oder im Licht der Tat von Golgatha, seines Todes für die Brüder. Weil er frei war zum Tode, darum konnte er leben, weil er starb als das Opfer für die Bruderschaft der Welt, darum war sein Leben das Leben schlechthin im Dienste der heiligsten Bruderschaft. Darum reden die Evangelien davon, dass man sein Kreuz auf sich nehmen soll und ihm nachfolgen, sein Tod heiligt sein Leben; sein und unser Tod heiligt unser Leben, und nur wo wir frei werden zum Opfer für die heiligste Bruderschaft der Menschheit, für die der Prophet von Nazareth, der Christus, starb, sind wir recht frei geworden zum Leben“ (Ökumene S. 226).

In seiner Deutung der Tat Christi am Kreuz setzt Bonhoeffer überraschende Akzente, wobei die aktive und stellvertretende Rolle des Menschen Jesus deutlicher wird als vielleicht sonst in der traditionellen evangelischen Theologie. Christus ist ihm nicht nur die Offenbarung Gottes, er ist nicht nur der Gesandte, Prophet und Herr, sondern insofern er stellvertretend die Menschheit in seinem Leibe annimmt, handelt er auch als Bruder des Menschen auf Gott hin als der neue „Adam“. Mit ihm handelt und leidet die ganze Menschheit. Sie nimmt teil an seinem Geschick, wird umgestaltet zu einem neuen Leben, das als gnadenhafte, aber wirkliche kreatürliche Qualifikation seiner wahren, bleibenden Menschheit zu beschreiben ist.

Weil Dietrich Bonhoeffer mit dem „Chalzedonense“ die wahre Menschheit betont, was ja auch als Grundlage des weltlichen Christentums zu verstehen ist, kann er auch das neue Sein und Handeln des Menschen als des in Gnade geschaffenen neuen Geschöpfs in Christus zum Ausdruck bringen, ohne den grundlegenden Primat der Gnade Gottes zu beeinträchtigen. Auch hier kommt die Akt-Seins-Einheit zum Vorschein, insofern in Christus nicht nur ein neuer Beziehungs-, sondern auch ein neuer Seins- und Wirklichkeitszusammenhang, d. h. eine neue Schöpfung mitgesetzt ist.

Konzil von Chalkedon, 4. Ökumenisches Konzil (451). Gilt als Abschluss der christologischen Frage der Frühen Kirche.

Letztes Abendmahl – Kreuzesopfer – Sakramentales Abendmahl der Kirche

Kirche und Sakramente sind nicht primär „Stiftungen“ des irdischen Jesus, d. h. ihre Bedeutsamkeit in der Heilsvermittlung kommt ihnen von Inkarnation, Kreuz und Auferstehung zu und nicht von einem formal-juristischen Bezug auf eine Einsetzungstat Christi. Nur so vermitteln sie die bleibende heilbringende Gemeinschaft des zum Himmel gefahrenen Herrn und Bruders der Gemeinde.

Das hindert nicht, dass Jesus der in Kreuz und Auferstehung „geoffenbarte(n) Gemeinde der Liebe“ schon vorösterlich ein Zeichen seiner bleibenden und wirksamen Gegenwart zu seinem „Gedächtnis“ gab. Es gibt bei aller „Unterbrechung“ auch eine Verbindung zwischen der vorösterlichen Jüngergemeinde mit der späteren Kirche. So weist das Ereignis des letzten Abendmahls Jesu mit seinen Jüngern eine unübersehbare Bezogenheit zum Kreuzesopfer auf und von da auch zum Abendmahl der Kirche. Jesus selbst hat der Kirche den Auftrag erteilt, „tut dies zu meinem Gedächtnis“. Im letzten Abendmahl wird zeichenhaft schon die opfernde Selbsthingabe Christi am Kreuz für die „Vielen" an den Vater zum Heil der Menschheit vorweggenommen und die alleinige Rettung durch Christus in der durch ihn geschenkten Gemeinde proklamiert. Im Wort und im Essen von dem einen gesegneten Brot wird dies dargestellt und vollzogen. Auch im letzten Abendmahl ist Christus der Sichselbsthingebende, in katholischer Formulierung der Opferpriester und die Opfergabe selbst. Der Zusammenhang zwischen Jüngergemeinde, Abendmahl, Opfer Christi und neuer Gemeinde der Liebe ist zu beachten. „Es ging aber nicht an, dass Jesus während seines Lebens die Gemeinde Gottes neu schuf. Seine Liebe musste völlig werden, indem er dem Gesetz, d.h. dem Anspruch Gottes und der Menschen Erfüllung bot bis in den Tod. Die geoffenbarte Gemeinde der Liebe musste noch einmal zerbrochen werden durch das eigene Tun ihres Gründers, freilich nicht bevor Jesus noch in letzter Stunde ein enges Band um sie geschlossen hatte. Das war im Abendmahl geschehen. Jesus sagt: So, wie ich dies Brot zerbreche, so wird morgen mein Leib zerbrochen werden, und wie ihr alle von *einem* Brote esset und satt werdet, so werdet ihr alle in mir allein gerettet und zusammengefasst werden. Der Herr der Gemeinde schenkt seinen Jüngern seine und damit ihre Gemeinschaft“ (Sanctorum Communio, S. 94).

Das Abendmahl wird Gegenwart

Wie im letzten Abendmahl die Opferdimension des Kreuzes als das Gemeinschaft der Liebe stiftende Tun Gottes und Christi zum Vorschein kommt, so zeigt sich auch im Abendmahl der Kirche, das im Gehorsam gegen den Anamnese-Befehl Christi vollzogen wird, der Bezug zum Kreuzesopfer (vgl. Sanctorum Communio, S. 166). Selbstverständlich kann das einmalige Opfer Christi, in dem die Versöhnung Gottes mit den Menschen ein für allemal vollzogen ist und Gottes- und Weltwirklichkeit unlöslich verbunden sind, nicht wiederholt oder gar ergänzt werden. Die einmalige Realität wird in der Einheit von verkündigend-wirksam proklamierenden Wort und sakramentaler Handlung hier und heute in der Kirche präsent als Symbol und als reale Zueignung. Es geht nicht um eine gedankliche Erinnerung an die einmalige Tat Christi, sondern um die objektive und reale Gegenwart, die meinem subjektiven Glauben *extra me* bleibt. „Die Widerspenstigkeit der Begriffe Offenbarung und Zeit, Vollendung und Werden“ (Sanctorum Communio, S. 88) lässt sich nicht in eindimensionaler Logik überwinden. Beachtet man aber die Universalität des Handelns Christi in seiner Stellvertretung, so fallen konkrete Innerzeitlichkeit und das „für alle Zeiten“ zusammen. Auch hier ist an die Grundstruktur Bonhoefferscher Theologie zu erinnern. Das in Christus ein für allemal realisierte Heil der neuen Gemeinschaft wird in Raum und Zeit in der Kirche durch den Heiligen Geist und das Wort aktualisiert. So ist der erhöhte Herr gerade der gegenwärtige Herr. So vergegenwärtigt sich Christus durch den Heiligen Geist und das Wort in diesem Sakrament als der, der in seiner stellvertretenden Lebenshingabe an den Vater die Gemeinschaft der Liebe eröffnet. Indem sich Christus seiner Gemeinde schenkt in der Vergegenwärtigung und mit seinem „stellvertretenden Todesleiden“ (Sanctorum Communio, S. 166) ihr zugute kommt, aktualisiert er auch die konkrete Gemeinde als Koinonia an Wort, brüderlicher Liebe und Sakrament. Im Empfangen der symbolhaft „gebrochenen“ Sakramentsgestalten, die auf den gebrochenen Leib und das vergossene Blut als Hingabe des Lebens aus Liebe am Kreuz verweisen, wird dem Christen und der Kirche die durch das Kreuz gegebene neue Gottes- und Menschengemeinschaft zuteil.

Hier wird eine gewisse Nähe zur katholischen Auffassung deutlich. Die Gegenwart des Kreuzesopfers im Wort und in gebrochenen Gestalten und die Teilnahme an der dadurch geschaffenen neuen Gemeinde Gottes in Christus, also „Wandlung und Kommunion", scheinen im Vergleich mit Bonhoeffers Auffassung keine unüberbrückbaren Gegensätze zu bieten. Man kann Bonhoeffers Verbindung zwischen dem Kreuzesopfer und dem kirchlichen Abendmahl mit der neueren katholischen Eucharistielehre kennzeichnen als „sakramentale Vergegenwärtigung der Lebenshingabe Christi für die Welt", die im „sakramentlichen Essen" (Theologenausbildung, S. 552) die Teilgabe und Teilhabe an der Versöhnung Gottes mit der Menschheit im Leibe Christi miteinschliesst, d.h. die neue Gottesgemeinde.

Alexander Gerken, *Theologie der Eucharistie,* 1973, S. 48.

Ökumenische Dimension

Wenn man die reformatorisch-katholische Kontroverse durchaus zum großen Teil auf die schwierige Trennung von Opfer und Sakrament in der mittelalterlichen Theologie zurückführen kann und der Versuch einer ökumenischen Verständigung diese beiden Kategorien wieder zusammenbringen muss, dann kann man in Bonhoeffers Abendmahlstheologie eine ökumenische Fragestellung in diesem Sinn erkennen. Die personale Hingabe Christi an den Vater und dessen Offenbarung der Versöhnung wird im Abendmahl als personaler Anspruch und sakramental wirksam, in Wort und Zeichen repräsentiert, aktualisiert und appliziert. Obgleich Bonhoeffer diesen Konsens im Entwurf seiner Abendmahlstheologie in *Sanctorum Communio* nicht intendierte, so kann doch in einem Vergleich kein wirklich kirchentrennender Unterschied geltend gemacht werden.

Opfer Christi – Opfer der Kirche

Die Einmaligkeit des Opfers Christi wird durch die sakramentale Vergegenwärtigung in der Eucharistie nicht bedroht. Vielmehr wird Christi Opfer bestätigt als das einzige des Neuen Bundes. Kreuz und Messe sind keine zwei verschiedene Opfer. Es geht um das realidentische eine und bleibende Opfer Christi. Das in seiner historischen Objektivität von allen Erlösungsmythologien abzuheben ist, jetzt aber im sakramentalen Handeln der Kirche seine aktuelle Wirksamkeit auf uns im hier und heute, in Raum und Zeit eröffnet.

Die katholische Tradition spricht in diesem Sinn von dem einen Opfer im Kreuzes- und Messopfer, weil der Opferpriester und die Opfergabe identisch sind.

Theologie des Amtes

Zur neueren Diskussion um das Amt und die Apostolische Sukzession vgl. GERHARD LUDWIG MÜLLER, „Konvergenz ohne Konsens! Apostolische Sukzession und Ämteranerkennung im lutherisch-katholischen Dialog", in: *KNA-Ökumenische Information*. Thema der Woche 32 vom 5. August 2008, 1–6.

Das kirchliche Amt kann in seiner ganzen Breite an dieser Stelle nicht diskutiert werden. Zumal eine Einordnung und Bestimmung des Amtes der Kirche nur auf einer entsprechenden Reflexion über die Offenbarung, die Kirche selbst und die Tradition erfolgen kann. Betrachtet man von katholischer Seite her die Theologie des Amtes bei Dietrich Bonhoeffer so sind es zunächst die Übereinstimmungen, die für Überraschung sorgen. Bonhoeffer schildert das Amt als Christus-Repräsentanz der Gemeinde gegenüber, das mit Vollmacht und Autorität ausgestattet ist. Zugleich ist es die Fortsetzung der Sendung der Apostel, in der sich der Heilsauftrag der Kirche sichtbar und greifbar manifestiert. Das Amt resultiert aus der Berufung, der Bevollmächtigung, der Beauftragung und der unmittelbaren Sendung durch Christus. Niemand hat ein Recht auf dieses Amt. Es ist eine Sendung von Christus her, die sich der menschlichen Verfügbarkeit entzieht. Bonhoeffer betont hier Elemente des Amtes, die mit der katholischen Lehre vergleichbar sind. Im berufenen und gesandten Boten und in den Worten seiner Verkündigung wird die Gegenwart Gottes erfahrbar. In Jesus Christus begegnet das Heil immer gott-menschlich, sichtbar, in der Welt, in der Geschichte und in der Gemeinschaft der Menschen.

Vgl. die Zusammenfassung im *Katechismus der Katholischen Kirche* (KKK) Nr. 1548–1580.

Amt und Gemeinde

Bei der näheren Bestimmung Bonhoefferschen Amtsverständnisses ist es immer notwendig, den gesamten ekklesiologischen

Horizont mitzudenken. Dabei stellt sich heraus, dass die Reichweite und Wirkungsmöglichkeit des Amtes mit der Sendung der Kirche als ganzer übereinstimmt. Als der eigentliche Träger dieser Sendung ist aber Christus selbst zu sehen, der durch Predigt und Sakramente in ihrem kirchlichen Vollzug seine Gnade und das durch ihn erwirkte Heil auf den Menschen hier und heute eröffnet. Der Mensch wird in die neue Wirklichkeit einbezogen. Im Tun Christi wird auf je verschiedene Weise Gemeinde immer mitgesetzt. Und umgekehrt wird im gehorsamen Tun der Gemeinde Christi – zwischen Himmelfahrt und Wiederkunft – Christus personal und heilswirksam gegenwärtig. Die Predigt und die Sakramente sowie die brüderliche Gemeinschaft schenken Sündenvergebung und Eingliederung in die neue Gemeinschaft der Heiligen. Der Unterschied zwischen dem Wirken Christi und seiner Gemeinde wird jedoch festgehalten, wenn deutlich bleibt, dass Christus die Versöhnung allein gewirkt hat, die Gemeinde aber als das Ergebnis des Handelns Christi gefasst wird. Sie ist auch der Ort des Erlösungswillens Gottes in der Geschichte.

Da aus dem Handeln Gottes sich eine *communio sanctorum*, eine Gemeinschaft der Heiligen, bildet, die aufgrund des Gleichgewichts individuellen und sozialen Seins in jedem einzelnen Gläubigen zur Darstellung kommt, darum begründet die „Einheit der Gabe in Wort und Sakrament“ (Sanctorum Communio, S. 139) eine Gleichheit aller Christen in der der ganzen Kirche aufgetragenen Vermittlung. Der Gleichheit der Gabe entspricht die Gleichheit im Empfang des Glaubens aller. Wort und Glaube als den konstitutiven Prinzipien begründen die prinzipielle Gleichheit aller Gläubigen in allen Rechten und Pflichten der Gemeinde. Die priesterlich-vermittelnde Tätigkeit der Gemeinde bedeutet daher auf dem Hintergrund der einmaligen Tat der Stellvertretung Christi die Möglichkeit aller Christen in Verkündigung und kirchlichem Leben Träger der Gegenwart

Christi des Priesters zu werden. Dazu werden sie in Glaube und Taufe ermächtigt, ihrem Bruder wie Christus entgegenzutreten und der Teilnahme an seinem Hirten-, Priester- und Prophetenamt. In Ablehnung einer exklusiven Inanspruchnahme der geschichtlichen Ausübung des Priesteramtes Christi durch einige erwählte Gemeindeglieder, wie in der katholischen Kirche, kann nach Bonhoeffer bei solcher Auffassung des allgemeinen Priestertums die Grundkorrelation „Wort-Glaube“ die bestimmende Kategorie bleiben.

Sendung zum Dienst

Diese alle Christen umfassende Gleichheit ist zuerst als eine Glaubensrealität in den Kirchenbegriff einzutragen. Dabei „ist der grundsätzliche Unterschied von allen Gleichheitsideen sozialistischer, wie auch idealistischer Art“ (Sanctorum Communio, S. 139) zu beachten. Die unanschauliche, geglaubte Gleichheit aller vor Gott ermöglicht so eine Kirchengemeinschaft der empirisch Ungleichen. Wie aber die faktische Ungleichheit die Realität des allgemeinen Priestertums nicht bedroht, so noch weniger das von Gott selbst in der Gemeinde als ihre eigene Funktion gesetzte Amt der Verkündigung. Indem es durch den besonderen Auftrag des Dienstes am Wort der öffentlichen und allgemeinen Verkündigung und am hirtenamtlichen Aufbau des Leibes Christi in ein Gegenüber zur Gemeinde rückt, kann sich die so entstandene Ungleichheit nur als Vorrang der Sendung zum Dienst erweisen. Eine eigengesetzliche Superiorität des Amtes zur Aufrichtung einer Herrschaft in einer geistlich weltlichen Gesellschaft zerstörte in der Tat den Sinn des allgemeinen Priestertums. Wo aber das Amt aus dem hingebungs bereiten und selbstentsagenden Dienst am Wort seine Autorität herleitet, entsteht ein echtes Ungleichgewicht, das mit „Oben“ und „Unten“ gekennzeichnet werden kann.

„Der Bischof ist der schlichte, in Glauben und Leben gesunde treue Mann, der seinen Dienst an der Gemeinde recht versieht. Seine Autorität liegt in der Ausrichtung seines Dienstes. Am Menschen selbst ist nichts zu bewundern. Die Sucht nach unechter Autorität will zuletzt doch wieder irgendeine Unmittelbarkeit, eine Menschenbindung in der Kirche aufrichten. Echte Autorität weiß, dass alle Unmittelbarkeit in Sachen der Autorität unheilvoll ist, dass sie nur im Dienste dessen bestehen kann, der allein Autorität hat. (…) Die Gemeinde braucht nicht glänzende Persönlichkeiten, sondern treue Diener Jesu und der Brüder (...) Die Gemeinde wird ihr Vertrauen nur dem schlichten Diener des Wortes Jesu schenken, weil sie weiß, dass sie hier nicht nach Menschenweißheit und Menschendünkel, sondern nach dem Worte des guten Hirten geleitet wird. Die geistliche Vertrauensfrage, die mit der Autoritätsfrage in so engem Zusammenhang steht, entscheidet sich an der Treue, mit der einer im Dienste Jesu Christi steht, niemals aber an den außerordentlichen Gaben, über die er verfügt. Seelsorgerliche Autorität kann nur der Diener Jesu finden, der keine eigene Autorität sucht, der selbst, unter die Autorität des Wortes gebeugt, ein Bruder unter Brüdern ist" (Gemeinsames Leben, S. 90). Erst wo aus diesem deutlichen Verständnis des Amtes als Dienst alle Vorstellung rein menschlicher Führungseigenschaft ausgeschaltet worden ist, kann sichtbar werden, was es heißt, dass das Amt „über" der Gemeinde steht, ohne dass die Gleichheit in der Gemeinde vor Gott aufgehoben wird. Das Wort richtet sich an die hörende und glaubende Gemeinde „unten". Das Amt als Dienst an dem Wort erweist sein „Obensein über der Gemeinde" damit als Konkretisierung der Herrschaft des Wortes. Diese gottgesetzte Ordnung der Gemeinde hat nichts mit einem verkappten Aristokratentum aus der „Mentalität der norddeutschen Tiefebene" oder einem überholten „Patriarchalismus" zu tun, sondern gilt Bonhoeffer als ein gegebenes Faktum der Offenbarung selbst.

Karl Barth, *Kirchliche Dogmatik* III/4, [2]1957, S. 23.

Dies muss bei der Interpretation des folgenden Schlüsseltextes aus der *Ethik* beachtet werden: „Das Mandat der Kirche ist das göttliche Wort. In diesem Wort will Gott selbst gegenwärtig sein. In der Kirche will Gott selbst zu Worte kommen. Es ist das Wort der Offenbarung Gottes in Jesus Christus, das die Kirche verkündigt. Weil es also ein Wort ist, das aus keines Menschen eigenem Herzen, Verstand und Wesen, sondern aus dem Himmel, aus Gottes Willen und Erbarmen herab zum Menschen kommt, ein Wort aus Befehl und Einsetzung Jesu Christi, darum setzt es, indem es kommt, zugleich ein klares Gegenüber von Oben und Unten. Oben ist das Amt der Verkündigung, unten die hörende Gemeinde. An der Stelle Gottes und Jesu Christi steht vor der Gemeinde der Träger des Predigtamtes mit seiner Verkündigung. Der Prediger ist nicht der Exponent der Gemeinde, sondern – wenn der Ausdruck einmal gebraucht werden darf – der Exponent Gottes gegenüber der Gemeinde (…) Die unter der Verkündigung des Wortes Gottes erwachende Gemeinde wird die Echtheit ihres Glaubens darin bewähren, dass sie das Predigtamt in seiner einzigartigen Herrlichkeit ehrt und ihm mit allen Kräften dient, nicht aber darin, dass sie unter Berufung auf ihren Glauben und auf das allgemeine Priestertum aller Gläubigen, das Amt gering achtet, hindert oder gar in Abhängigkeit von sich zu bringen versucht. Das Obensein des Predigtamtes wird gerade durch ein echtes Untensein der Gemeinde, d. h. durch Glauben, Beten, Dienen, nicht aber durch Unterbindung und Sprengung der göttlichen Ordnung und durch ein verkehrtes Obenseinwollen der Gemeinde, vor Missbrauch und Gefahr bewahrt“ (Ethik, S. 399 f.).

Amt, Bibel und Predigt in der Gemeinde

Das so verstandene „Gegenüber“ von Amt und Gemeinde versucht Bonhoeffer mit einer für ein evangelisches Verständnis überraschenden Zuordnung des Amtes zur Bibel und der Gemeinde zur lebendigen Predigt zu klären. Bei näherem Zusehen wird sich jedoch zeigen müssen, dass hier nur eine Konsequenz aus seinem nicht-individualistischen Glaubensbegriff gegeben ist. Das der Glaube sich nicht aus dem privaten Lesen der Bibel ergibt und sekundär in der Kirche sich „vergemeinschaftet“, ist bei Bonhoeffer deutlich herausgestellt worden. Weil der Glaube vielmehr aus dem lebendigen Hören kommt und am Wort und Vorbild einer sichtbaren Gemeinde entsteht, darum gibt es ein eigentliches Amt der Verkündigung in der Gemeinde. Primär begegnet Christus daher in der mündlichen Verkündigung der Gemeinde und nicht in der Bibel. Erst wo die Bindung des Predigers an den „Kanon“ der Verkündigung in Zweifel gezogen werden kann, hat die Gemeinde das Recht, die Predigt an der Bibel zu messen. Im Normalfall des kirchlichen Lebens ist die Gemeinde dazu nur aufgerufen, wenn die Lehraufsicht der Kirchenleitung versagt (Ethik, S. 400).

Die Bibel – Schrift der Kirche

Bonhoeffer will mit dieser Zuordnung den Ort der Bibel im persönlichen christlichen Leben nicht verrücken. Hier soll auf einen anderen Gesichtspunkt verwiesen werden, der bei einem individualistischen Verständnis des Christentums so leicht verdeckt wird. Die Bibel ist als die normgebende Schrift der Kirche anzuerkennen. Auf ihr baut die Kirche. Aber eben als „Schrift der Kirche“, die durch ihre mündliche Verkündigung den Glauben erwecken soll. Die an dieser Stelle sichtbar werdende Frage nach einer genaueren Bestimmung des Verhältnisses Kirche,

Schrift, Glaube, Verkündigung, Lehrentscheidung, Glaubensbekenntnis, Lehramt zueinander könnte in diesem Zusammenhang nur von dem weiteren Horizont einer hermeneutisch gesicherten theologischen Prinzipienlehre und einer exakten Analytik des Glaubensaktes präzisiert werden, was jedoch den Rahmen der Fragestellung überschreitet.

Ein wichtiger Richtpunkt wird jedoch erkennbar, wenn Bonhoeffer davor warnt, dass sich die Gemeinde vorzeitig auf ihren Glauben und ihre Mündigkeit aufgrund des allgemeinen Priestertums beruft. Das kann nur Unruhe, Verwirrung, Unsicherheit in die Verkündigung bringen, und den hörenden und glaubenden Christen in der Gewissheit seines Glaubens erschüttern.

„Das Amt der Verkündigung, das Zeugnis von Jesus Christus ist gebunden an die Heilige Schrift. Es muss hier der Satz gesagt werden, dass die Schrift wesentlich dem Predigtamt zugehört, der Gemeinde aber die Predigt. Die Schrift will ausgelegt und gepredigt sein. Sie ist ihrem Wesen nach nicht ein Erbauungsbuch der Gemeinde. Der ausgelegte Predigttext gehört der Gemeinde und von ihm aus gibt es ein ‚Suchen in der Schrift, ob es sich so verhält' (Apg 17,11), wie die Predigt es verkündet hat, gibt es also im Grenzfall die Notwendigkeit des Widerspruchs gegen die Predigt aufgrund der Heiligen Schrift. Aber auch damit ist vorausgesetzt, dass die Heilige Schrift ihrem Wesen gemäß dem Lehramt zugehört (…) Es entspricht der Heiligkeit der Schrift zu erkennen, dass es eine Gnade ist, zu ihrer Auslegung und Verkündigung berufen zu sein, aber dass es auch eine Gnade ist, nur der Hörer der Auslegung und Verkündigung sein zu dürfen. Das Predigtbuch und das Gebetbuch als die vornehmlichen Bücher der Gemeinde, die Heilige Schrift als Buch des Predigers, das könnte wohl ein angemessener Ausdruck des göttlichen Gegenüber von Gemeinde und Amt sein. Dabei muss es deutlich sein, dass diese Gedanken nicht einen

pfäffischen Volkspädagogik, sondern der Offenbarung Gottes selbst entspringen“ (Ethik, S. 400).
Das Gegenüber des Verkündigungsamtes zur Gemeinde wird somit von Bonhoeffer nicht von einer eigenen Amtsautorität begründet, sondern ausschließlich von der Souveränität des Wortes her und seiner Initiativkraft zur extensiven und intensiven Kirchenbildung, wenn auch die Ausübung dieses Amtes einer eigenen Ermächtigung durch Christus und die Gemeinde bedarf.

Zum Vergleich: Das katholische Amtsverständnis

Zum katholischen Amtsverständnis wird hier eine bleibende Differenz erkennbar, die für das Verständnis von Ausübung und Funktion eines kirchlichen Lehramtes im Ganzen der Kirche und ihrer Glaubensüberlieferung sowie der Verkündigung eine ausschlaggebende Bedeutung bekommt. In diesem Zusammenhang kann nur kurz auf das Problem verwiesen werden. Angesichts der Komplexität des Themas verbietet sich der Versuch einer vollständigen Behandlung der Frage in diesem Rahmen von selbst.

Die biblischen, historischen und systematischen Erläuterungen sind zusammengetragen in: Gerhard Ludwig Müller, *Katholische Dogmatik. Für Studium und Praxis der Theologie*, [8]2010, S. 741–779.

Bestimmt man reformatorisch die Kirche hinsichtlich ihres wahren Hauptes und ihrer wahrhaft Gläubigen als eine latente Größe und lässt sie sich manifestieren in der Versammlung um die rechte Verkündigung des Evangeliums und stiftungsgemäße Verwaltung der Sakramente, so wird es schwierig, den Sinn des kirchlichen Amtes als eines echten kirchlichen Leitungsamtes anzugeben, das auch für den Vollzug des Glaubens in Zeit und Geschichte eine konstitutive Bedeutung hat.
Bonhoeffers spezifische Position ließe sich so charakterisieren: Die verborgene Kirche ist als Gnadengemeinschaft in der Ge-

schichte wesensnotwendig auch immer als weltlich-empirische und soziologisch-greifbare Größe sichtbar. Nicht nur in Wort und Sakrament, sondern auch im brüderlichen Gemeindeleben in seinen verschiedenen Formen zusammen mit den Ämtern vollzieht sich diese Kirche. Ausgangspunkt ist das „Wort“, das sich Kirche schafft und erhält. Als wahre und sichtbare Kirche übernimmt sie den Dienst der Verkündigung: „Welches ist die rechte Kirche, der Du zugehörst? Es ist die Bekennende Kirche in Deutschland. Wie alt ist diese Kirche? Sie ist so alt wie die Kirche überhaupt, sie ist die Kirche, die am Anfang war und bis ans Ende bleiben wird“ (Theologenausbildung, S. 811).
In dieser Perspektive gibt es die notwendige Ordnung und Leitung der Kirche nur vom Wort her. Hier findet sich das spezifisch reformatorische Offenbarungsverständnis: es ist dahingehend zu interpretieren, dass es keine neben dem Wort stehende göttlich legitimierte Instanz gibt, die die geschichtliche Vermittlung der Offenbarung autoritativ und sicher verbürgt. Im Gesamtprozess der Überlieferung des geschichtlichen Wortes Gottes und seiner aktuellen Verkündigung und Vergegenwärtigung im Heiligen Geist im geschichtlichen und gegenwärtigen kirchlichen Zusammenhang kommt zwar dem Verkündigungsamt vom Wort her ein „Gegenüber“ zur Gemeinde zu nach Bonhoeffers Verständnis.

Das Amt – Organ der Verkündigung

Im Unterschied zur katholischen Auffassung ist aber keineswegs von einer relativen Unterschiedenheit der Autorität des Wortes und der Autorität des Amtes die Rede. Die katholische Theologie sieht diese Unterscheidung legitimiert durch die Erkenntnis, dass sich die Wahrheit des Wortes, bzw. seiner Vermittlung durch die Predigt nicht allein und unmittelbar bezeugt im Gewissen des Hörers. Ein unvermitteltes Geistwirken – gerade auch nach Bonhoeffer – müsste die von Gott selbst begründete Kirchlichkeit der Vermittlung wieder aufheben. Zugang zur geschichtlichen Offenbarung Gottes in Jesus Christus gibt es daher nur in der unableitbaren Einheit des gnadengewirkten Glaubens von Gott her und der äußeren Verkündigung von der Kirche her, die als weltliche Größe sich und ihr Handeln geschichtlich und gesellschaftlich vermittelt. Dies kann die Kirche freilich nur dann, wenn sie und ihr Amt, d. h. die Personen mit geistlicher Vollmacht in der Sendungsautorität Christi und der Apostel, von Gott und Christus eigens und dauernd dazu ermächtigt ist. Das verkündigte Wort bezeugt sich nicht in unmittelbarer und nicht zu bezweifelnder Selbstevidenz aus dem materialen Gehalt seines Anspruchs vom Wirken des transzendenten Gott her. Diese Seite der Vermittlung ist vielmehr aufgrund der Inkarnation des Wortes und seiner inkarnatorisch-welthaft-kirchlichen Überlieferung durch den Erweis der formalen Legitimität der Sendung und Beauftragung durch den geschichtlichen Christus zu ergänzen und in Zusammenhang zu setzen. Die eschatologische Qualität der Offenbarung in Christus verlangt überdies eine auch in gewisser Weise innerweltlich nachweisbare Herkunft der Kirche, ihrer Verkündigung und ihres Amtes von Christus und seinen ersten Boten und Zeugen: „Die Heilige Überlieferung und die Heilige Schrift bilden den einen der Kirche überlassenen heiligen Schatz des Wortes Gottes. Voller Anhänglichkeit an ihn verharrt das ganze heilige Volk, mit seinen Hirten vereint, ständig in der Lehre und Gemeinschaft der Apostel, bei Brotbrechen und Gebet (vgl. Apg 8,42 griech.), so dass im Festhalten am überlieferten Glauben, in seiner Verwirklichung und seinem Bekenntnis ein einzigartiger Einklang herrscht zwischen Vorstehern und Gläubigen. Die Aufgabe aber, das geschriebene oder überlieferte Wort Gottes verbindlich zu erklären, ist nur dem lebendigen Lehramt der Kirche anvertraut, dessen Vollmacht im Namen Jesu Christi ausgeübt wird. Das Lehramt ist nicht über dem Wort Gottes, sondern dient ihm, indem es nichts lehrt, als was überliefert ist, weil es das Wort Gottes aus göttlichem Auftrag und mit dem Beistand des Heiligen Geistes voll Ehrfurcht hört, heilig bewahrt und treu auslegt und weil es alles, was es als von Gott geoffenbart zu glauben vorlegt, aus diesem einen Schatz des Glaubens schöpft. Es zeigt sich also, dass die Heilige Überlieferung, die Heilige Schrift und das Lehramt der Kirche gemäß dem weisen Ratschluss Gottes so miteinander verknüpft und einander zugesellt sind, dass keines ohne die anderen besteht und dass alle zusammen, jedes auf seine Art, durch das Tun des einen Heiligen Geistes wirksam dem Heil der Seelen dienen.“

Zweites Vatikanisches Konzil, „Dogmatische Konstitution über die göttliche Offenbarung *Dei Verbum*“, Art. 10.

Apostolische Sukzession

Eine nähere Bestimmung der Herkunft der Kirche von Christus, der Apostolizität der ganzen Kirche und der Funktion der apostolischen Sukzession des Amtes in der Kirche im Gesamtvorgang der Überlieferung ist hier nicht notwendig.

Ausführlich hat sich damit beschäftigt: Joseph Ratzinger, „Bemerkungen zur Frage der Apostolischen Sukzession“, in: *Amt im Widerstreit*, hrsg. v. Karlheinz Schuh, Berlin 1973, S. 37–45 (Kurztitel **Ratzinger, Bemerkungen**) sowie Gerhard Ludwig Müller, „Konvergenz ohne Konsens! Apostolische Sukzession und Ämteranerkennung im lutherisch-katholischen Dialog“, in: *KNA-Ökumenische Information*. Thema der Woche 32 vom 5. August 2008, S. 1–6.

Wenn Bonhoeffer zwar auch von apostolischer Sukzession spricht dann geht es darum zu betonen, dass es in der Kirche immer ein Amt der Verkündigung des Wortes geben müsse. Er lehnt jedoch eine Sukzession in katholischem Sinne ab, bei der es um die Identität und Kontinuität der einen sichtbaren Kirche an allen Orten und zu allen Zeiten geht bis zur Wiederkunft Christi. Das verschiedene Verständnis der apostolischen

Sukzession signalisiert bei aller Betonung der Sichtbarkeit der Kirche in Bonhoeffers Theologie doch eine differente Auffassung des Wesens der Kirche. Das Verhältnis von sichtbar-soziologisch-empirischer Kirche und der unsichtbaren, mystischen Gemeinschaft der Heiligen ist bei Bonhoeffer zwar untrennbar, aufgrund der bestimmenden „Wort-Glaube-Korrelation“ jedoch z. T. anders bestimmt als in der katholischen Ekklesiologie.

Die Vermittlung ist zwar auch durch die Bindung des Wortes an den Boten und Zeugen gegeben und die Beauftragung des Zeugen kommt aus der sichtbaren Kirche, doch ruht die Untrennbarkeit von Wort und Verkündigungsamt nicht in der Kirche, die sich in raum-zeitlicher Identität und Kontinuität mit der gesamtkirchlichen Überlieferung weiß und diese Identität auch historisch aufzuzeigen sich getraut.

Bonhoeffer hält trotz aller Betonung der sichtbaren Kirche und der Funktion des Amtes in der Verkündigung an einer gewissen „Eigenbewegung des Wortes“ (Theologenausbildung, S. 504) fest, das sich selbst bezeugt und immer neu die sichtbare Kirche erschafft mit ihrem Amt, das so legitimiert wird. In der Bindung des Wortes an die Bezeugung durch den Boten ist daher ein Erweis einer legitimen Herkunft der Kirche und des Amtes von der Kirche der Apostel in einer institutionell-rechtlichen Sukzession der Sendung letztlich nicht entscheidend, wodurch sich eine Art der Christusrepräsentanz des Amtes verbietet, die nicht total mit der inhaltlichen Autorität des ansprechenden Wortes identisch ist. Wenn dagegen die katholische Theologie eine eigene Autorität des Amtes annimmt (vgl. 2 Tim 1,6), die zwar in einer dienenden Verbindung zur Offenbarung steht, die aber als eigene Stiftung von Christus selbst herkommt, um in einer funktionalen, differenten Einheit mit dem materialen Anspruch der Verkündigung die fundamentale Einheit mit ihrem Ursprung und der Offenbarungsvermittlung in der Welt zu begründen, dann wird der entscheidende Unterschied zwischen katholischem und reformatorischem Offenbarungsverständnis deutlich, an dem sich bisher alle ökumenischen Anstrengungen festliefen. Joseph Ratzinger hat dies so formuliert: „Denn die sakramentale Struktur des Amtes, wie die katholische Theologie sie lehrt zielt nicht auf einen formalistischen, selbstwirksamen Handauflegungszusammenhang ab, sondern drückt gerade die Untrennbarkeit des Wortes und des Amtes von der Gemeinschaft des Glaubens an allen Orten und zu allen Zeiten aus. Sie bindet das Amt in den Zusammenhang des gesamtkirchlichen Glaubens und der gesamtkirchlichen Überlieferung“ (Ratzinger, Bemerkungen, S. 40 f.).

Wird gegen eine kirchliche Instanz der Einwand erhoben, hier werde die Souveränität des Wortes in menschliche Verfügungsmacht gegeben und so bedroht und aufgehoben, dann erhebt sich die Frage, „wie“ bei der menschlichen und kirchlichen Vermittlung der Wahrheit Irrtum und Verkürzung zu vermeiden sind. Die verantwortlichen Interpreten bedürfen der Gabe desselben Geistes, mit der die Einheit im Wort Gottes und Menschenwort in der Heiligen Schrift begründet ist (vgl. 1 Thess 2,13). Das Ziel dabei ist: das Wort nicht als angemaßte Größe in der Welt verkünden.

Säule und Grundfeste der Wahrheit

Die katholische und reformatorische Position stehen sich hinsichtlich der Frage nach einem „unfehlbaren Lehramt“ nicht diametral gegenüber. Es gibt beiderseits die Vorstellung der Unverfälschtheit der Übermittlung. Strittig erscheint letztlich das „Wie“ der Vermittlung, wobei man von der katholischen Theologie her im Gesamtvorgang der Offenbarung und besonders der kirchlich-innerweltlichen Offenbarungsvermittlung beim reformatorischen Glaubensverständnis ein Element unter ande ren, aber ein wesentliches, vermisst. Das Wort soll nicht seine Souveränität so bewahren, dass es nicht mehr zugänglich ist. Es muss sich gerade darin erweisen können, dass es „fassbar in seinem Wort in der Kirche“ (Akt und Sein, S. 68) als der „Säule und Grundfeste der Wahrheit“ (1 Tim 3,15) gegenwärtig ist. Deshalb muss beim weltlich-kirchlichen Vermittlungsvorgang der Kirche als ganzer und ihrem Amt im besonderen in einem hier nicht näher zu klärenden Zu-, Mit- und Gegeneinander auch ein „habbares“ Kriterium „unfehlbarer“ Vermittlung in ihrer Sendung mitgegeben sein. Dies ist als ein „besonderes Charisma“ zu interpretieren, insofern es im Gesamtvorgang des Wirkens des Heiligen Geistes zu lokalisieren ist, der die geschichtliche Heilswirklichkeit Christi in der Zeit der Kirche aktualisiert. Als solches ist es aber letztlich nur dem Glauben zugänglich.

Bonhoeffer widersteht einer Auffassung, die eine allgemeingültige Auslegung der Offenbarung ablehnt.

Die empirische Kirche kann jedoch nach Bonhoeffer auch bestimmte Glaubensinhalte verbindlich und mit Wahrheitsanspruch verkünden. Wenn dann allerdings dieser verbindlichen Vorlage nur Autorität zukommt, „sofern" sie dem Wort entspricht, was auch von katholischer Seite nicht bestritten wird, und der einzelne Gläubige die Entscheidung des Lehramts selbst wieder letztverbindlich am Wort messen kann, so muss jeder „Konzilsbeschluss“ seine Funktion im Ganzen der Glaubensüberlieferung verlieren. Die Aufgabe des Konzils besteht darin, die Auslegung der Offenbarung mit Autorität vorzustellen und verbindlich vorzulegen.

Bonhoeffer kommt aus dem Dilemma nicht heraus, wenn er einerseits eine Selbstwirksamkeit des Wortes in den Gläubigen aus rechter Verkündigung annimmt und auf der anderen Seite von einem Konzil der Kirche spricht, das eine Häresie autoritativ als solche bezeichnen kann, aber nur „insofern“ die Gemeinde im Wort des Konzils Wort Gottes erkennt (Ökumene, S. 268). Doch diese Gemeinde ist offenbar durch die Häresie in ihrer Mitte von der Verfälschung bedroht und „appelliert" deswegen an das Konzil. Das Zeugnis der kirchlichen Lehrauslegung reicht nur bis an den Inhalt des Verständnisses des Wortes in der Gemeinde heran, das mit der Lehrauslegung identisch ist. Letztlich steht dann nur das eine subjektive Zeugnis gegen das andere. Als Ausweg bleibt dann nur die in der Geschichte oft verwirklichte Alternative, entweder die andere Position unter Ideologieverdacht zu stellen, oder eine Gleich-gültigkeit kategorialer Verwirklichungen des christlichen Glaubens festzustellen. Das kann aber nicht der Weg der Ökumene sein. Lediglich eine Einheit in ferner Zukunft zu postulieren, die aber nie innerweltlich-geschichtlich zur sichtbaren einen Kirche gerinnen wird.

Vgl. Martin Luther, *An den christlichen Adel*, in: WA (= Kritische Gesamtausgabe, sog. „Weimarer Ausgabe", 1833 ff.) 6,412.

Wenn Bonhoeffer in der Korrelation „Wort-Glaube" die Grundstruktur von Glaube, Offenbarung und Kirche erkennt und von daher eine Gleichwesentlichkeit sozialen und personalen Seins im Glaubensvollzug vor dem Wort ableitet, dann müsste er, um aus dem *circulus vitiosus* hinsichtlich der Frage verbindlicher Lehrautorität herauszukommen, das Verhältnis von Gemeinde und Amt in der geschichtlichen und weltlichen Vermittlung des inkarnierten Wortes näher reflektieren. Dies ist in der Frage der Lehrautorität deshalb notwendig, weil Bonhoeffer nicht in eine individualistische Auflösung der Kirche hineingeraten will. Zugleich aber das katholische Lehramt nicht als Auslegungsmaßstab der Offenbarung nicht annehmen kann.

Obwohl Bonhoeffer sich in der Frage der sichtbaren Kirche, ihrer Lehraussage dem katholischen Verständnis nähert, zeigt sich in der Frage der Interpretation des kirchlichen Amtes, besonders der apostolischen Sukzession des Amtes und der formalen Apo stolizität der Kirche eine Differenz, die als „das Grundproblem des Zueinander von Glaube und Kirche“ (Ratzinger, Bemerkungen, S. 45) bis heute zwischen den Kirchen nicht überbrückbar erscheint, wenigstens da, wo das Selbstverständnis der je eigenen Kirche zum inhaltlichen und formalen Ausgangspunkt der Theologie genommen wird.

Vgl. *Die Apostolizität der Kirche. Studiendokument der Lutherisch/Römisch-katholischen Kommission für die Einheit*, hrsg. v. Lutherisch/Römisch-katholische Kommission für die Einheit, 2009.

Ethik der Verantwortung

Bonhoeffers Interesse an der Ethik zeigt sich in fast allen seinen Schriften. Sie speist sich aus dem Christusglauben und der Gemeinschaftsstruktur der Kirche, wie sie Bonhoeffer entwickelt hat. Dabei wird ein gewissen Drängen in der Frage deutlich, wenn er auf ein „konkretes Gebot" hinwirken möchte, dass unser Nicht-Wissen über das, was wir tun sollen, endgültig durch eine konkrete Handlungsanweisung ersetzt sehen möchte. Von einer ethischen Krise ist die Rede, die beleuchtet werden soll von der für ihn und sein Leben so eindrucksvoll beherrschenden Frage „Gibt es eine christliche Ethik?" (Seminar, vgl. Ökumene, S. 303). Mit den Jahren erhält die ethische Frage eine radikalere Note, wenn der oben ausgeführte Nachfolge-Gedanke zum eigentlichen Prinzip des guten – richtigen Handelns verstanden werden sollte. Sicherlich auf dem Hintergrund der sich zuspitzenden Lage im Deutschland des Nationalismus und des Krieges wird hier die Ethik zum entscheidenden Faktor auch einer Auflehnung gegen Terror, Judenverfolgung und „totalem Krieg". Wie ernst es Bonhoeffer war, der wagemutig klar Stellung gegen den Hitlerismus, und Nationalsozialismus bezogen hat, zeigt sein grausames Ende in Flossenbürg. Glaube und Zivilcourage (theologisch: Hingabe, Opferbereitschaft) – ein Begriff der bei Bonhoeffer reale – tödliche Gestalt angenommen hat – sind für ihn keine hohlen Worte, sondern Koordinaten seiner Existenz. „Die Begegnung mit Jesus Christus ist Erfahrung, dass hier eine Umkehrung alles menschlichen Seins gegeben ist, darin, dass Jesus ‚nur für andere da ist'. Das ‚Für-andere-da sein' ist die Transzendenzerfahrung! Aus der Freiheit von sich selbst, aus dem ‚Für-andere-da-sein' bis zum Tod entspringt erst die Allmacht, Allwissenheit. Glaube ist das Teilnehmen an diesem Sein Jesu (…) Unser Verhältnis zu Gott ist kein ‚religiöses' zu einem denkbar höchsten, mächtigsten, besten Wesen – dies ist keine echte Transzendenz – , sondern unser Verhältnis zu Gott ist ein neues Leben im ‚Dasein-für-andere', in der Teilnahme am Sein Jesu. Nicht die unendlichen, unerreichbaren Aufgaben, sondern der jeweils gegebene Nächste ist das Transzendente. Gott in Menschengestalt!, nicht wie bei orientalischen Religionen in Tiergestalten als das Ungeheure, Chaotische, Ferne, Schauerliche; aber auch nicht in den Begriffsgestalten des Absoluten, Metaphysischen, Unendlichen etc.; aber auch nicht die griechische Gott-Menschengestalt des ‚Menschen an sich', sondern der ‚Mensch für andere!' Darum der Gekreuzigte"

Nachfolge – das wahre Leben und die Bergpredigt

Der Gedanke der Nachfolge ist bei Bonhoeffer bereits ins seinen frühen schriftlichen Zeugnissen zu finden. Seine Überlegungen gründen auf seinen Reflexionen zur Bergpredigt, mit deren Auslegung und Interpretation er sich bereits 1934 beschäftigt hat. Am 28. April des gleichen Jahres schreibt er aus London einen Brief an den Schweizer Erwin Sutz. Darin ist zu lesen: „Der National-Sozialismus hat das Ende der Kirche in Deutschland mit sich gebracht und konsequent durchgeführt. Und obwohl ich mit vollen Kräften in der kirchlichen Opposition mitarbeite, ist es mir doch ganz klar, dass diese Opposition nur ein ganz vorläufiges Durchgangsstadium zu einer ganz anderen Opposition ist, (…) der eigentliche Kampf, zu dem es vielleicht später kommt, muss einfach ein glaubendes Erleiden sein", bei dem „viel geglaubt, viel gebetet und viel gelitten werden" muß. Die schiere Verzweiflung über die politischen Entwicklungen in der Heimat mündet aber nicht in Resignation und Mutlosigkeit. Der Weg der Entscheidung für den Glauben und die konkrete Umsetzung hinein in die Welt geht nur über die Bergpredigt: „Wissen Sie, ich glaube – vielleicht wundern Sie sich darüber –

dass die ganze Sache an der Bergpredigt zur Entscheidung kommt.“ Die Entschiedenheit, mit der Bonhoeffer nach der Bergpredigt als Lösung für das bedrohte Christentum fragt, ist aber unweigerlich mit der Frage nach der Nachfolge verbunden. „*Nachfolge Christi* – was das ist, möchte ich wissen – es ist nicht erschöpft in unserem Begriff des Glaubens“ formuliert er in unmittelbarem Zusammenhang mit seiner Idee über die Bergpredigt den rechten Zugang zum Glauben zu finden: „Ich versuche es gerade – unendlich schlicht und einfach – aber es geht immer um das *Halten* des Gebotes und gegen das Ausweichen“ (London, S. 128 f.).

Und an Reinhold Niebuhr gewandt unterstreicht er 1934 (13. Juli) die Notwendigkeit eines Sich-Besinnens auf die Bergpredigt als Korrektiv, als Opposition gegen die offizielle Reichskirche um Reichsbischof Ludwig Müller. „Die Trennungslinie liegt wo anders nämlich bei der Bergpredigt. Es ist jetzt der Zeitpunkt gekommen wo aufgrund einer bis zu einem gewissen Grad wiederhergestellten reformatorischen Theologie die Bergpredigt (…) wieder in Erinnerung gerufen“ (London, S. 171). Der betonte Rückbezug des Christen auf die Bergpredigt ist aber nicht als Rückzug in eine Exklusivethik zu bewerten. Mit der darin ausgesprochenen Radikalisierung und Verinnerlichung des Glaubens wollte Bonhoeffer einen klaren und leuchtenden Gegensatz zu „Gleichschaltung“ sowie zur Vergötzung der politischen Machthaber errichten, der auch die mit den Nationalsozialisten Zusammenarbeitenden Teile der evangelischen Christen („Deutsche Reichskirche“) im Visier seiner Kritik hatte.

Was ist Nachfolge? Um eine Antwort ringt er u.a. bei seinen ersten Vorlesungen über die „Nachfolge“ in Zingst und Finkenwalde. Für die Hörer zunächst eine „atemberaubende Überraschung“, weil ihnen deutlich wurde, es geht nicht um ein besonderes Lehrstück innerhalb der Predigerausbildung, sondern um die Grundlegung dessen, was ein Verkünder der Botschaft

Jesu Christi sein soll. Grundlegend auch, weil er der Meinung war, die ganze Heilige Schrift verkündet den einen Herrn und Gott, der in seine Nachfolge ruft. Wie so oft scheint bei Bonhoeffer der Wunsch auf, das Wesen der Dinge zu erreichen. Nicht Tagesparolen – heute würde man vom Zeitgeist sprechen – sowie kein Ringen um Nebensächliches darf uns bestimmen. Bewegt von den Fragen „Was hat Jesus uns sagen wollen?", „Was will er heute von uns?" und „Wie hilft er uns dazu, heute treue Christen zu sein?" will er eine Antwort im Ruf zur Nachfolge finden. Sie bedeutet „Befreiung des Menschen von allen Menschensatzungen, von allem, was drückt, was belastet, was Sorge und Gewissensqual macht. In der Nachfolge kommen die Menschen aus dem harten Joch ihrer eigenen Gesetze unter das sanfte Joch Jesu Christi" (Nachfolge, S. 23). Wer dahinter ein „Christentum light" vermutet, wird enttäuscht, wenn er seinen Hinweis auf die harten und sogar „unmenschlich hart(en)" Gebote Jesu mitbedenkt, deren Erfüllung durch die Kraft ermöglicht wird, die Jesus gibt. Es gehört zum Christentum eben der Gehorsam den Geboten Gottes gegenüber.

Einen hervorragenden Einblick in die Genese des Nachfolge-Gedankens im Werk Bonhoeffer geben MARTIN KUSKE und ILSE TÖDT in ihrem Vorwort zu DBW 13, 7–17.

Die Nachfolge und das Kreuz

Wer in der Nachfolge Christi leben will, der darf sich auch vom Gedanken der Nachfolge im Leiden nicht trennen: „Wie Christus nur Christus ist als der leidende und verworfene, so ist der Jünger nur Jünger als der leidende und verworfene, als der mitgekreuzigte." Der Bezug auf den Römerbrief (6,6) ist deutlich. Das Kreuz als spezifisches Merkmal der christlichen Hoffnung auf endgültige Erlösung

Gemeinsames Leben, S. 78. Der ganze Abschnitt in der *Nachfolge* lautet „Die Nachfolge und das Kreuz".

ist natürlich auch für den Christen selbst, der in der Nachfolge Christi sein Leben gestalten will, zu einem realistischen Szenarium geworden. „Allein die Bindung an Christus wie sie in der Nachfolge geschieht, steht ernstlich unter dem Kreuz“ (Nachfolge, S. 80). Wie konkret diese Perspektive der Nachfolge ist, hat Bonhoeffer selbst erfahren. Aber das Kreuz, das der Christ trägt ist keine Knechtung. Es gibt ihm vielmehr die Chance zu einer wirklichen Gottesbeziehung. Mit Christus Leid, Schmerz und den Tod durchleben, um zu einem neuen Leben mit Christus auferstehen.

„Nachfolge“ ist Bindung an Christus

Jesus ruft in die Nachfolge. Damit ist bereits eine wesentliche Komponente des „Nachfolgens“ ausgesprochen. In der biblischen Erzählung der Berufung des Levi im Markusevangelium (2,14) reicht der lapidar klingende Satz: „Folge mir nach!“ aus, um den Sohn des Alphäus zur Nachfolge Jesu zu bewegen. Es geht nicht darum, sich einer Lehre, einer Gesinnung oder einem Projekt anzuschließen, sondern einer Person wirklich nachzugehen, ihr zu folgen. Levi wird nicht durch Seminare oder die Zeitung vorab über den Mann aus Galiläa informiert. Es ist die private Zwiesprache zwischen Jesus und Levi. *Er* ruft ihn. *Er* folgt. Levi gehorcht Jesus. Fast möchte man hinzufügen: einfach so, ohne Vorwarnung, ohne Bedingungen (wie etwa im Lukasevangelium 9,57–62). Dem Vorgang ist eine gewisse Radikalität eigen: Der Betroffenen wird aus seinem alten Leben herausgerissen, kein Weg führt mehr zurück, oder wie es Bonhoeffer formuliert: „Man ist herausgerufen und soll ‚heraustreten‘ aus der bisherigen Existenz, man soll ‚existieren‘ im strengen Sinn des Wortes“ (Nachfolge, S. 46).
Wesentlich für den Nachfolge-Gedanken ist die Zuspitzung auf die Person Christi. Weil Gottes Sohn Mensch geworden ist, weil

er der einzige Mittler zwischen Gott und den Menschen ist, ist auch die Nachfolge der einzige Weg, ihm richtig zu begegnen.

Aus der Nachfolge wächst der Glaube

Der Radikalität der unbefragten Nachfolge entspringt auch die Möglichkeit des Glauben-Könnens. Der „Herausgerufene" hat die Möglichkeit aus dem ihm vertrauten Alltag herauszutreten und zu lernen an Gott zu glauben. Bleibt er im Beruf, bei der Zollstelle oder den Fischernetzen, hat er vielleicht Vieles über Gott gehört und gelesen, um zu lernen an ihn zu glauben, bedarf es des mutigen Schrittes, dem Gottessohn, der in die Welt gekommen ist, zu folgen. Petrus steigt aus dem Schiff, nicht weil er eine Theorie von Gott gehört hat, sondern weil Jesus ihn ruft – und er folgt und glaubt. Am Anfang der Nachfolge steht also der Gehorsam einem Befehl gegenüber: Folge mir nach, komm zu einer neuen Existenz. Sie ermöglicht zu glauben. Am Anfang steht eine Veränderung des ganzen Lebens. Dieser existentielle Umbruch erfolgt durch die Gnade des Gerufenwerdens und eröffnet dem Gerufenen zum einen den Glauben an den ergangenen Ruf im Gehorsam und zum anderen den Glauben an den, der Gerufen hat: Nur der Gehorsame glaubt und der Glaubende gehorcht.

Der Ruf Christi ergeht in der Kirche

Praktisch und auf das Leben in der Welt im hier und Heute bezogen fragt Bonhoeffer nach den Möglichkeiten, für den heutigen Menschen den Ruf Jesu zu erhalten. Wie kann ich in die Nachfolge gerufen werden? Christus kann mich nicht mehr unmittelbar ansprechen. Er geht nicht an meiner Tür vorbei. Greifen wir den Gedanken des Christus in der Gemeinde existierend auf, der oben entfaltet wurde. So wird in der Verlängerung des

Gedankens klar, dass der Ruf von der Kirche ergeht: „Wollen wir seinen Ruf in die Nachfolge hören, so müssen wir ihn dort hören, wo er selbst ist. Der Ruf Jesu Christi ergeht in der Kirche durch sein Wort und Sakrament. Predigt und Sakrament der Kirche ist der Ort der Gegenwart Jesu Christi. Willst du den Ruf Jesu in die Nachfolge hören, so brauchst du dazu keine persönliche Offenbarung. Höre die Predigt und empfange das Sakrament!“ (Nachfolge, S. 216).

Das Schlagwort von der „billigen und teuren Gnade“, das in der „Nachfolge“ als Kritik an der Kirche gelesen sein will, passt gut an diese Stelle. Mit der Kirche in Verbindung gebracht werden die großen Themen der Theologie Bonhoeffers: „Christus in der Gemeinde existierend“, „der Ruf Christi ergeht in der Kirche“, die „Beichte als Erneuerung der Taufgnade“, „Christus das Haupt der Kirche“ und „Christus als Bruder in der Gemeinde“. Aber wo ist ihre Autorität, ihre Glaubwürdigkeit und damit auch die Chance auf eine Neubewertung des Standes der Verkündiger? Den einzigen Weg zur Wiedergewinnung aller Punkte sieht er in der Neubelebung der teuren Gnade: Statt der billigen Gnade, die Trost und Sakrament verschleudert, die das lebendige Wort Gottes verleugnet und die Nachfolge ohne Leid und Kreuz, letztlich ohne Christus, muss dem Menschen gepredigt werden, dass er in der Nachfolge, die dem Ruf Christi entspringt, sein Leben neu gewichten und zurückerobern kann. Das reformatorische Prinzip des *Sola Gratia* schient hier durch, nachdem die Rechtfertigung des Menschen allein aus der Gnade erfolgt. Nachfolge – mit allen Konsequenzen – ist eine teure Gnade, die den Sünder rechtfertigt, aber nicht die Sünde

Das Gebet

Mit dem *Gebetbuch der Bibel* legt Bonhoeffer 1940 eine Einführung in die Psalmen vor. Damit will er den Christen eine vertiefende Hinführung zum gesamten Psalter als die „große Schule des Betens überhaupt“ (Gemeinsames Leben, S. 40) an die Hand geben. Im Zusammenhang mit dem Gebetbuch stehen seine Arbeiten zur Schriftauslegung, die er in Finkenwalde konzipierte. Besonders das Alte Testament musste neu angefragt werden, wenn man es im Zusammenhang mit dem Antijudaismus und dem politischen Antisemitismus lesen wollte. Weit über die historisch-kritische Methode hinausgreifend stellt er sich dabei in die große Tradition der Psalmeninterpretation des Augustinus oder Luthers mit ihren christologischen, typologischen und tropologischen Zugängen.

in: DIETRICH BONHOEFFER, *Gemeinsames Leben. Das Gebetbuch der Bibel* (= DBW 5), 2008.

Das Gebet ist ein Weg zu Gott, den der Mensch nur mit Jesus Christus gehen kann. Jesus hat selbst die Psalmen gebetet und ausgelegt. So kann nur über Jesus Christus der Psalm richtig gebetet werden, weil er immer wieder deutlich macht, dass der Christ als Glied am Leib Christi mitbetet mit seinem Erlöser. Wer der Schrift gemäß beten will, der orientiert sich am Vaterunser, das Christus selbst den Jüngern gelehrt hat. Jede Bitte, jede Freude, die zum Gebet formuliert wird, muss sich messen lassen, an dieser Urform des christlichen Gebetes. Christus lehrt uns, richtig zu beten: „‚Herr, lehre uns beten!‘ So sprachen die Jünger zu Jesus. Sie bekannten damit, dass sie von sich aus nicht zu beten vermochten. Sie müssen es lernen. Beten-lernen, das klingt uns widerspruchsvoll. Entweder ist das Herz so übervoll, dass es von selbst zu beten anfängt, sagen wir, oder es wird nie beten lernen. Das ist aber ein gefährlicher Irrtum, der heute freilich weit in der Christenheit verbreitet ist, als könne das Herz von Natur aus beten. Wir verwechseln dann Wünschen, Hoffen,

Seufzen, klagen, jubeln – das alles kann das Herz ja von sich aus – mit Beten. Damit aber verwechseln wir Erde und Himmel, Mensch und Gott" (Gemeinsames Leben, S. 107); und weiter heißt es: „Wenn wir daher die Gebete der Bibel und besonders die Psalmen lesen und beten, so müssen wir nicht zuerst danach fragen, was sie mit uns, sondern was sie mit Jesus Christus zu tun haben. Wir müssen fragen, wie wir die Psalmen als Gottes Wort verstehen können, und dann erst können wir sie mitbeten" (Gemeinsames Leben, S. 109). Ein Beispiel:
„Gott, zu Dir rufe ich in der Frühe des Tages. Hilf mir beten und meine Gedanken sammeln zu Dir; ich kann es nicht allein. In mir ist es finster, aber bei Dir ist das Licht; ich bin einsam aber Du verlässt mich nicht; ich bin kleinmütig, aber bei Dir ist die Hilfe; ich bin unruhig, aber bei Dir ist der Friede; in mir ist Bitterkeit, aber bei Dir ist die Geduld; ich verstehe Deine Wege nicht, aber Du weißt den Weg für mich. Vater im Himmel, Lob und Dank sei Dir für die Ruhe der Nacht, Lob und Dank sei Dir für den neuen Tag. Lob und Dank sei Dir für alle Deine Güte und Treue in meinem vergangenen Leben. Du lässt Deinen Kindern alle Dinge zum Besten dienen. Herr Jesus Christus, Du vergisst mich nicht und suchst mich, Du willst, dass ich Dich erkenne und mich zur Dir kehre. Herr, ich höre Deinen Ruf und folge hilf mir! Heiliger Geist, gib mir den Glauben, der mich vor Verzweiflung, Süchten und Laster rettet, gib mir die Liebe zu Gott und den Menschen, die allen Hass und Bitterkeit vertilgt, gib mir die Hoffnung, die mich befreit von Furcht und Verzagtheit Heiliger, barmherziger Gott, mein Schöpfer und mein Heiland mein Richter und mein Erretter, Du kennst mich und all mein Tun. Du hasst und strafst das Böse in dieser und jener Welt ohne Ansehen der Person, Du vergibst Sünden dem, der Dich aufrichtig darum bittet, Du liebst das Gute und lohnst es auf dieser Erde mit einem getrosten Gewissen und in der künftigen Welt mit der Krone der Gerechtigkeit. Amen."

Ausblick

Betrachtet man die kurze Zeitspanne des Lebens von Dietrich Bonhoeffer, so überrascht die Fülle an Texten und deren Unterschiedlichkeit der literarischen Einordnung. Predigten, Vorträge, Vorlesungen, Radioansprachen, Meditationen und Gebete, Gedichte und Romanfragmente. Sie entziehen sich alle einer oftmals willkürlich scheinenden Klassifizierung und geben Aufschluss über die Variationsbreite eines Menschen, der sich in den Dienst der Kirche und des Glaubens gestellt hat. Mit großer Ernsthaftigkeit und dem Gespür für die geschichtliche Situation wurde er zu einer Leitfigur des Widerstands im Dritten Reich, dessen früher gewaltsamer Tod für seinen Glauben zum Märtyrer gemacht hat. Will man eine Konstante, einen „roten Faden" in seinem Leben ausmachen, dann ist es seine Christusbezogenheit und die daraus sich ableitende Idee einer die ganze Existenz umwandelnde „Nachfolge". Wer sich mit ihm über die hier nur skizzierten und großenteils nur angedeuteten Entwürfen zur Theologie beschäftigen will, hat hoffentlich den vorliegenden Beitrag als eine Einladung gelesen, sich intensiver mit einer der prägendsten Gestalten des 20. Jahrhunderts zu beschäftigen. Wie stark sein Bemühen war, dem Christentum in der Welt – gerade in der grauenvollen Zeit der Nazidiktatur – seine Stimme und Bedeutung zu bewahren, ist bis wenige Tage vor seiner Hinrichtung zu spüren. Antisemitismus und Rassismus wurden ebenso gebrandmarkt wie der billige Ausverkauf des eigenen Glaubens. Aber weder Resignation noch „Untergangsstimmung" können als Charakterisierung dienen. Vielmehr war Bonhoeffer getragen vom Vertrauen auf *den* Gott, der seinen Sohn in die Welt gesandt hat und der sich dem Menschen als Bruder, Gemeinde und Haupt der Kirche offenbart hat. Ihm kann der Mensch im Gehorsam nachfolgen und die Gnade des Glauben erleben.

Bonhoeffer hat versucht, dem Glauben in einer „mündiggewordenen Welt ohne Gott" Stand und Sprache zu geben. Die Verkündigung verwiesen auf ihre konkrete Mitte: Jesus Christus. So führt der Weg von Jesus zur Kirche. Als Gemeinde existierend bleibt er ihr Haupt und weist den Weg in der Beichte zu Versöhnung und Vergebung. Im Juli 1944 schrieb er – als Inhaftierter – ein Gedicht, das Einblick gibt in die theologischen Themen, die den Breslauer Theologen Zeit seines Lebens beschäftigen. Es ist eine Art Zusammenfassung des Christusgeschehens als Offenbarung und Zugehen Gottes auf den Menschen, der dadurch gerufen wird, Gott anzunehmen und sein Leiden aufzunehmen. In anderen Worten stellt er noch einmal die Frage „Wer ist Christus für uns heute?" und gibt zugleich die Antwort darauf: „Jesus, der Mensch für andere."

„Menschen gehen zu Gott in ihrer Not,
flehen um Hilfe, bitten um Glück und Brot
um Errettung aus Krankheit, Schuld und Tod.
So tun sie alle, alle, Christen und Heiden.

Menschen gehen zu Gott in Seiner Not,
finden ihn arm, geschmäht, ohne Obdach und Brot,
sehn ihn verschlungen von Sünde, Schwachheit und Tod.
Christen stehen bei Gott in Seinen Leiden.

Gott geht zu allen Menschen in ihrer Not,
sättigt den Leib und die Seele mit Seinem Brot,
stirbt für Christen und Heiden den Kreuzestod,
und vergibt ihnen beiden."

Bleibende Bedeutung?

Noch 1945 brachte die Ökumenische Kommission für die Seelsorge der Kriegsgefangenen in Genf ein Heft heraus mit dem Titel „Das Zeugnis eines Boten. Zum Gedächtnis von Dietrich Bonhoeffer." Zeitzeugen berichten darin über ihre Begegnungen mit Bonhoeffer in London oder Genf oder über die gemeinsam verbrachten Jahre in der Gefangenschaft. Ebenfalls werden einige zentrale Texte des Theologen, u. a. das Gedicht „Von guten Mächten", nur einen Monat nach seiner grausamen Hinrichtung einer breiteren Öffentlichkeit vorgestellt. Sein Erbe wird aber einen weiten Weg zurücklegen müssen, bis es zu ler heutigen Selbstverständlichkeit kommt, mit der Bonhoeffer ıls Christ im Widerstand bezeichnet wird. Erst 1952 wird in Flossenbürg eine Gedenktafel angebracht. Und bis in die 70er ahre des 20. Jahrhunderts gilt er in rechtsradikalen Kreisen als Vaterlandsverräter, derentwegen der Krieg verloren wurde. Und ıuch in kirchlichen Kreisen gibt es keine ungeteilte Meinung zu Bonhoeffer. Für die einen ist er ein politisches Opfer, das durch eine Aktivitäten im Widerstand in das Visier des Machtappaates gekommen ist. Deren Einordnung Bonhoeffers lehnt auch eine Nähe zum Martyrium ab, das wegen seines Eintretens für len Glauben erreicht werden muss. George Bell, der langjährige Freund und Bischof von Chichester, schrieb an die Familie ler Zwillingsschwester Sabine: „Er war ein Märtyrer für Christus – und für Deutschland, das er liebte und von dessen Platz n Gottes Plan er so voll überzeugt war." An der Fassade des Westminster Abbey wurde eine Skultpur aufgestellt und im Beisein der Englischen Königin 1998 enthüllt. In den letzten Jahrzehnten wandelte sich die Beurteilung ler evangelischen Kirche zu Dietrich Bonhoeffer. Vom politisch notivierten Widerstandskämpfer, dem man, noch verhaftet im

Zitiert nach JOSEF ACKERMANN, *Dietrich Bonhoeffer – Freiheit hat offene Augen. Eine Biographie*, 2005.

staatskirchlichen Denken, mit Skepsis gegenübertreten sollte hin zu einem „Blutzeugen des Glauben" (Landesbischof von Löwenich) oder zu einem Vorbild eines konsequent und kompromisslos gelebten Glaubens (Landesbischof Friedrich).

Für den ökumenischen Dialog ist Bonhoeffer ein Zeichen der Verbundenheit der Christen unterschiedlicher Konfession. Denn in der Tiefe verbindet uns mehr, so dass auch das Trennende, das sich immer wieder in den Vordergrund zu stellen scheint, aushalten können. Die ökumenische Methode der Konvergenz und des Konsenses, die in vielen Dialogdokumenten überzeugend aufscheint, hat eine martyrologische Wurzel im Widerstand gegen ein sozialdarwinistisches Menschenbild der nationalsozialistisch und kommunistisch geprägten Diktaturen des letzten Jahrhunderts. Dass wir heute in einem weiterführenden Gespräch miteinander stehen, ist deshalb nicht allein der theologischen Reflexion zu verdanken, sondern auch der gemeinsamen Erfahrung des Leidens und des Sterbens für Christus und das Bekenntnis zu ihm. Namen wie Alfred Delp, Maximilian Kolbe, Dietrich Bonhoeffer sowie viele, die wir nicht kennen, stehen dafür. „So wird das Leiden zum Kennzeichen der Nachfolger Christi" (Nachfolge, S. 82).

Über diesen Einsatz für den Frieden, den Wert und die Würde des Menschen, für eine Welt, in der Christus zum Mittelpunkt wird, werden die Kirchen auch in den lehramtlichen Bekenntnissen vereint: Die *Barmer Erklärung* (1934) und die Enzyklika *Mit brennender Sorge* (1937) formulieren ihre Warnungen vor einer gottlosen und menschenfeindlichen Welt. So bietet gerade der Ansatz der Christusbegegnung in der Welt und dem konkreten Handeln aus dem Glauben heraus einen nachhaltig auf die ökumenische Diskussion Einfluss nehmenden Platz ein. Was er am 14. August 1944 an Eberhard Bethge schreibt, gibt Bonhoeffer uns allen als Christen mit auf den Weg: „Gott bleibt der Herr der Erde, er erhält seine Kirche, er schenkt uns immer neuen Glauben, legt uns nie mehr auf, als wir tragen können, macht uns seiner Nähe und Hilfe froh, erhört unsere Gebete und führt uns auf dem besten und geradesten Wege zu sich" (Widerstand und Ergebung, S. 569).

Lesetips, Kurztitel und Hinweise

Zur Biographie

Das Leben Dietrich Bonhoeffers wurde auf eine besondere Art und Weise von Eberhard Bethge beschrieben. Es ist auch ein Zeugnis für den Biographen, der mit innerer Anteilnahme weite Wegstrecken mit Bonhoeffer geteilt hat. Ihre Freundschaft und Verbundenheit auch in schwierigster Zeit geben dem Standardwerk der Bonhoefferforschung ihre Authentizität:

Eberhard Bethge, *Dietrich Bonhoeffer. Theologe, Christ, Zeitgenosse. Eine Biographie,* ^{8}2004 (Kurztitel = **Bethge, Theologe**).

Ferner:

Eberhard Bethge, *Bonhoeffer* (rowohlts monographien), 1976 (Kurztitel = **Bethge, Bonhoeffer**).

Eberhard und Renate Bethge, *Letzte Briefe im Widerstand. Aus dem Kreis der Familie Bonhoeffer,* 1984.

Renate Bethge, *Dietrich Bonhoeffer. Eine Skizze seines Lebens,* 2004.

Josef Ackermann, *Dietrich Bonhoeffer – Freiheit hat offene Augen. Eine Biographie,* 2005

Sabine Leibholz-Bonhoeffer, *Weihnachten im Hause Bonhoeffer,* 2002.

Brautbriefe Zelle 92. Dietrich Bonhoeffer und Maria von Wedemeyer, hrsg. v. Ruth-Alice von Bismarck u.a. 1994.

Ernst Feil, „Eberhard Bethge zum 100. Geburtstag. Biograph – Interpret – Brückenbauer", in: *Bonhoeffer-Rundbrief* Nr. 90 (November 2009) S. 35–53.

Christoph U. Schminck-Gustavus: *„Der Prozeß" gegen Dietrich Bonhoeffer und die Freilassung seiner Mörder,* 1995.

Sabine Dramm: *V-Mann Gottes und der Abwehr? – Dietrich Bonhoeffer und der Widerstand,* 2005.

Edwin H. Robertson, *Dietrich Bonhoeffer. Leben und Verkündigung,* 1989

Gesamtausgaben

Die 1958 begonnene Sichtung und Sammlung der Texte Dietrich Bonhoeffers ist das große Verdienst Eberhard Bethges:

Gesammelte Schriften in 6 Bänden, hrsg. von Eberhard Bethge, 1958–1974; I–IV ²1964–1966.

Eine erste kritische Ausgabe der Werke erschien in den Jahren 1986–1996 und wurde herausgegeben von Eberhard Bethge, Ernst Feil, Christian Gremmels, Wolfgang Huber, Gerhard Ludwig Müller, Hans Pfeifer, Albrecht Schönherr und Heinz Eduard Tödt:

Dietrich Bonhoeffer Werke, 16 Bände (Kurztitel = **DBW**):

Bd. 1: *Sanctorum Communio* (Kurztitel = **Sanctorum Communio**)

Bd. 2: *Akt und Sein* (Kurztitel = **Akt und Sein**)

Bd. 3: *Schöpfung und Fall*

Bd. 4: *Nachfolge* (**Nachfolge**)

Bd. 5: *Gemeinsames Leben / Das Gebetbuch der Bibel* (Kurztitel = **Gemeinsames Leben**)

Bd. 6: *Ethik* (Kurztitel = **Ethik**)

Bd. 7: *Fragmente aus Tegel*

Bd. 8: *Widerstand und Ergebung* (Kurztitel = **Widerstand und Ergebung**)

Bd. 9: *Jugend und Studium 1918–1927* (Kurztitel = **Jugend**)

Bd. 10: *Barcelona, Berlin, Amerika 1928–1931* (Kurztitel = **Barcelona**)

Bd. 11: *Ökumene, Universität, Pfarramt 1931–1932* (Kurztitel = **Ökumene**)

Bd. 12: *Berlin 1933* (Kurztitel = **Berlin**)

Bd. 13: *London 1933–1935* (Kurztitel = **London**)

Bd. 14: *Illegale Theologenausbildung: Finkenwalde 1935–1937* (Kurztitel = **Theologenausbildung**)

Bd. 15: *Illegale Theologenausbildung: Sammelvikariate 1937–1940*

Bd. 16: *Konspiration und Haft 1940–1945* (Kurztitel = **Konspiration**)

2006 erschien eine Auswahl aus den Gesammelten Werken in 6 Bänden, herausgegeben von Christian Gremmels und Wolfgang Huber.

Zur Theologie Bonhoeffers

Ein unverzichtbares Standardwerk für die Beschäftigung mit der Theologie Bonhoeffers ist:

ERNST FEIL, *Die Theologie Dietrich Bonhoeffers. Hermeneutik – Christologie – Weltverständnis,* 1971, 5. erweiterte Auflage 2006. Die Besonderheit dieses Werkes ist das Aufzeigen der inneren Beeinflussungen und Abhängigkeiten in den Texten Bonhoeffers.

ERNST FEIL, „Christlicher Glaube ohne Religion? Zur Theologie Dietrich Bonhoeffers“ in: *Una Sancta* 32 (1977) S. 214–227.

Die Präsenz des verdrängten Gottes. Glaube, Religionslosigkeit unc Weltverantwortung nach Dietrich Bonhoeffer, hrsg. v. Christian Gremmels u. Ilse Tödt, 1987.

WOLF KRÖTKE, *Barmen – Barth – Bonhoeffer. Beiträge zu einer zeitgemäßen christozentrischen Theologie,* 2009.

GISELA MEUSS, „Arkandisziplin und Weltlichkeit bei Dietrich Bonhoeffer“ in: *Die Mündige Welt III,* 1960

GERHARD LUDWIG MÜLLER, *Bonhoeffers Theologie der Sakramente* (= FTS 28), 1979

GERHARD LUDWIG MÜLLER, *Für andere da. Christus – Kirche – Gott ir Bonhoeffers Sicht der mündig gewordenen Welt* (= KKTS 44), 1980.

RENATE WIND / CRAIG L. NESSAN, *Wer bist Du, Christus? Ökumenische Lesebuch zur Christologie Bonhoeffers,* 1998

BENKT-ERIK BENKTSON, *Christus und die Religionen. Der Religionsbegri bei Barth, Bonhoeffer und Tillich,* 1967.

LEO SCHEFFCZYK, „Das ‚Katholische‘ in der Kirchenauffassung Dietric Bonhoeffers“, in: *Ortskirche – Weltkirche* hrsg. v. Heinz Fleckenstei u. a. (= FS Döpfner), 1973.

Wirkungsgeschichte

Verspieltes Erbe? Dietrich Bonhoeffer und der deutsche Nachkriegsprotestantismus, hrsg. v. Ernst Feil, 1979.

Die Barmer Theologische Erklärung. Einführung und Dokumentation, hrsg. v. Martin Heimbucher u. Rudolf Weth, [7]2009.

Allgemeine Literatur

ERWIN ISERLOH, *Abendmahl und Opfer,* 1960.

Die Apostolizität der Kirche. Studiendokument der Lutherisch/Römisch-katholischen Kommission für die Einheit, hrsg. v. Lutherisch/Römisch-katholische Kommission für die Einheit, 2009.

GERHARD LUDWIG MÜLLER, *Katholische Dogmatik. Für Studium und Praxis der Theologie,* [8]2010.

GERHARD LUDWIG MÜLLER, „Konvergenz ohne Konsens! Apostolische Sukzession und Ämteranerkennung im lutherisch-katholischen Dialog", in: *KNA-Ökumenische Information.* Thema der Woche 32 vom 5. August 2008, 1–6.

JOSEPH RATZINGER, „Bemerkungen zur Frage der Apostolischen Sukzession", in: *Amt im Widerstreit,* hrsg. v. Karlheinz Schuh, 1973, S. 37–45.

JOSEPH RATZINGER, *Theologie der Liturgie* (= Joseph Ratzinger Gesammelte Schriften, hrsg. v. Gerhard Ludwig Müller, Bd. 11 = JRGS 11), 2008.

Das kirchliche Amt in apostolischer Nachfolge. III. Verständigung und Differenzen hrsg. v. Dorothea Sattler u. Gunter Wenz (= Dialog der Kirchen 14), 2008.

Dokumentationen/Medien

Bonhoeffer – die letzte Stufe

BRD, USA, Kanada 1999, 90 Min., Farbe, ab 14 Jahre

Regie: Eric Till, Buch: Gareth Jones, Eric Till

Darsteller: Dietrich Bonhoeffer – Ulrich Tukur, Maria von Wedemeyer – Johanna Klante, Manfred Roeder – Robert Joy

Gedenkstätten und Tagungshäuser

Eine allgemeine Hinführung bietet: *Gedenkstätten für die Opfer des Nationalsozialismus,* hrsg. v. Stefanie Endlich u. a., Bd. II, 1999.

KZ-Gedenkstätte Flossenbürg
Gedächtnisallee 5–7
92696 Flossenbürg

Bonhoeffer-Haus
Erinnerungs–und Begegnungsstätte
Marienburger Allee43
14055 Berlin (Charlottenburg)

Dietrich-Bonhoeffer-Studien- und Begegnungszentrum e.V.
Evangelisch-Lutherische Kirchengemeinde
ul. Energetykow 8
70-656 Szczecin (Stettin)
Polen

Wichtige Adressen

Sekretariat der Internationalen Bonhoeffer-Gesellschaft *(ibg)*,
Sektion Bundesrepublik Deutschland e. V.
Koetschaustrasse 14
40474 Düsseldorf
Internet: www.bonhoeffer-gesellschaft.de

Die *ibg* gibt einen Bonhoeffer-Rundbrief heraus, der sich jeweils mit aktuellen Ergebnissen der Bonhoeffer-Forschung auseinandersetzt.

Dietrich-Bonhoeffer-Verein
Dreispitzstr. 14
65191 Wiesbaden

Der Dietrich-Bonhoeffer-Lehrstuhl am „Union Theological Seminary“ i New York wird unterstützt durch die Stiftung Bonhoeffer-Lehrstuhl i Stifterverband für die Deutsche Wissenschaft e.V. Essen, der ein deutsc amerikanisches Vorlesungs- und Austauschprogramm organisiert, de Bonhoeffer-Lehrstuhl in New York für Theologie und Ethik zugeordnet.